国際交流基金 日本語教授法シリーズ 4

文法を教える

実際の場面で使えるようになるために

国際交流基金　著

JAPAN FOUNDATION　国際交流基金

国際交流基金 日本語教授法シリーズ
【全14巻】

 第 1 巻「日本語教師の役割／コースデザイン」

 第 2 巻「音声を教える」［音声・動画・資料　web付属データ］

 第 3 巻「文字・語彙を教える」

 第 4 巻「文法を教える」

 第 5 巻「聞くことを教える」［音声ダウンロード］

 第 6 巻「話すことを教える」

 第 7 巻「読むことを教える」

 第 8 巻「書くことを教える」

 第 9 巻「初級を教える」

 第 10 巻「中・上級を教える」

 第 11 巻「日本事情・日本文化を教える」

 第 12 巻「学習を評価する」

 第 13 巻「教え方を改善する」

 第 14 巻「教材開発」

■ はじめに

　国際交流基金日本語国際センター（以下「センター」）では1989年の開設以来、海外の日本語教師のためにさまざまな研修を行ってきました。1992年には、その研修用教材として『外国人教師のための日本語教授法』を作成し、主に「海外日本語教師長期研修」の教授法の授業で使用してきました。しかし、時代の流れとともに、各国の日本語教育の状況が変化し、一方、日本語教授法に関する研究も発展したため、センターの研修の形や内容もさまざまに変化してきました。

　そこで、現在センターの研修で行われている教授法授業の内容を新たにまとめ直し、今後の研修に役立て、また広く国内外の日本語教育関係のみなさまにも利用していただけるように、この教授法シリーズを出版することにしました。この教材の主な対象は、海外で日本語教育を行っている日本語を母語としない日本語教師ですが、広くそのほかの日本語教育関係者や、改めて日本語教授法を独りで学習する方々にも役立てていただけるものと考えます。また、現在教師をしている方々を対象としていますが、日本語教育経験の浅い先生からベテランの先生まで、できるだけ多くのみなさまに利用していただけるよう工夫しました。

■ この教授法シリーズの目的

　このシリーズでは、日本語を教えるための必要な基礎的知識を紹介するだけでなく、実際の教室で、その知識がどう生かせるのかを考えてもらうことを目的としています。

　国際交流基金日本語国際センターでは、教師の基本的な姿勢として、特に次の能力を育てることを目的として研修を行ってきました。その方針はこのシリーズの中でも基本的な考え方となっています。

1）自分で考える力を養う

　理論や知識を受身的に身につけるのではなく、自分で考え、理解して吸収する力を身につけることを目的とします。

2）客観性、柔軟性を養う

　自分のこれまでの方法、考え方にとらわれず、ほかの教師の意見や方法を知り、客観的に理解し、時には柔軟に受け入れることのできる教師を育てることをめざします。

3）現実を見つめる視点を養う

つねに現状や与えられた環境、自分の特性や能力を客観的に正確に把握し、自分の現場に合った適切な方法を見つける姿勢を育てることをめざします。

4）将来的にも自ら成長できる姿勢を養う

研修終了後もつねに自分自身で課題を見つけ、成長しつづける自己研修型の教師を育てることをめざします。

■この教授法シリーズの構成

このシリーズは、テーマごとに独立した巻になっています。どの巻からでも学習を始めることができます。各巻のテーマと概要は以下の通りです。

巻	テーマ	
第1巻	日本語教師の役割／コースデザイン	日本語を教えるうえでの全体的な問題をとりあげます。
第2巻	音声を教える	
第3巻	文字・語彙を教える	
第4巻	文法を教える	各項目に関する基礎的な知識の整理をし、具体的な教え方について考えます。
第5巻	聞くことを教える	
第6巻	話すことを教える	
第7巻	読むことを教える	
第8巻	書くことを教える	
第9巻	初級を教える	各レベルの教え方について、総合的に考えます。
第10巻	中・上級を教える	
第11巻	日本事情・日本文化を教える	
第12巻	学習を評価する	
第13巻	教え方を改善する	
第14巻	教材開発	

■この巻の目的

　文法を教えるときの、教師の役割は何でしょうか。文法の説明をすることだけでしょうか。この巻では、文法の説明をして言語知識を与えるだけでなく、文法を使って「聞く」「読む」「話す」「書く」活動を設定することも、そしてその活動のフィードバックをすることも、文法指導における教師の重要な役割であると考えます。

　外国語教育のいろいろな教授法の歴史の中では、文法指導について、さまざまな議論がなされてきました。教授法によっては、文法を教えることが批判される場合もありました。本書では、教師が言語習得に必要な内容を効果的にあつかえば、文法指導が有益に働くと考えます。そして、文法指導における教師の役割を幅広くとらえ、言語学や第2言語習得の研究の成果をヒントに、教室での文法指導に、具体的にどのような工夫を加えればよいかについて、いっしょに考えていきます。

この巻の目標は以下の3点です。
①文法とは何か、そして、文法を教えるとはどういうことなのかを、理論的背景から再考し、自分の教育現場や学習者に合わせた文法の授業を組み立てることができる。
②文法を提示するときの内容や方法、文法の練習や誤用訂正の方法について、工夫を加えることができる。
③言語知識を使って、聞いたり読んだり、話したり書いたりする練習、すなわち、インプット理解の練習やアウトプット練習を、授業の流れの中に、効果的に取り入れることができる。

■ この巻の構成

1. 構成

本書の構成は以下のようになっています。

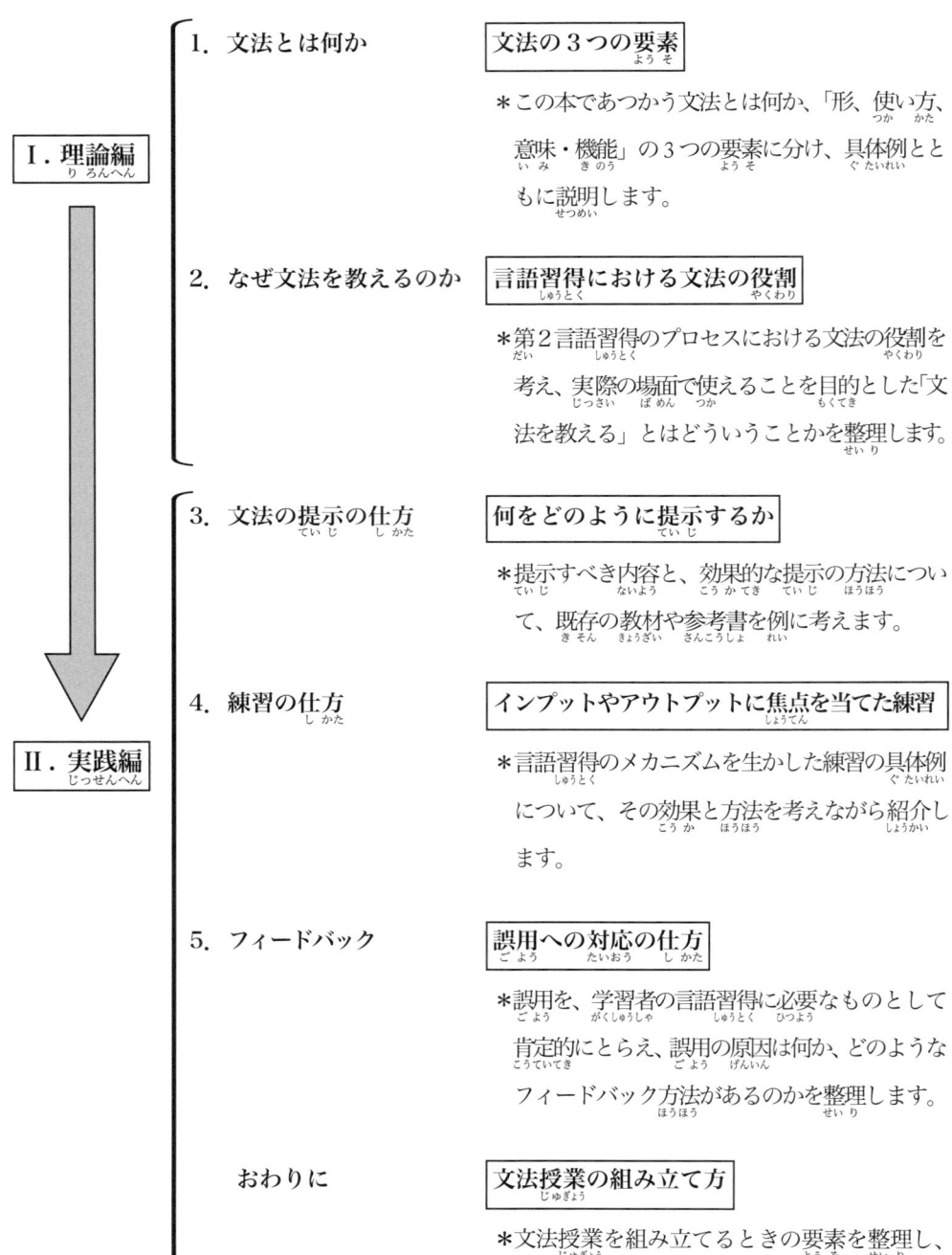

2. 各課題（【質問】）

この巻の中の各課題（【質問】）は、次のような内容に分かれています。

 ふり返りましょう

自分自身の体験や教え方をふり返ります。

 考えましょう

背景理論と照らし合わせながら、教え方、考え方、具体的な教室活動などについて考えます。

 やってみましょう

実際に活動や分析作業をやってみることを通して、背景理論や活動のやり方の理解を深めます。

 整理しましょう

各章の最後に、その章で学んだことをふり返って整理します。

目次

I. 理論編

1 文法とは何か … 2
- 1-1. 文法の定義 … 2
- 1-2. 形のルール … 3
- 1-3. 使い方のルール … 4
- 1-4. 文の意味と機能 … 5
  - (1) 文の意味 … 5
  - (2) 文の機能 … 6
- 1-5. 文法の3つの要素 … 8
- 1-6. 文法のゆれ … 8
- 文法とは何か ―まとめ― … 10

2 なぜ文法を教えるのか … 12
- 2-1. 言語習得のメカニズム … 12
- 2-2. なぜ実際に使えるようにならないのか … 15
- 2-3. 文法を教えるとは … 20
- なぜ文法を教えるのか ―まとめ― … 22

II. 実践編

3 文法の提示の仕方 … 24
- 3-1. 何を提示するか … 24
  - (1) 文法の3つの要素 … 24
  - (2) 質のよいインプット … 27
- 3-2. どのように文法を提示するか … 31
  - (1) 文法を提示する手段 … 31
  - (2) 学習者にルールを発見させる … 36
- 文法の提示の仕方 ―まとめ― … 43

4 練習の仕方 …………………………………………………………………… 44
　4-1. 練習の目的 ……………………………………………………………… 44
　4-2. インプット理解の練習 ………………………………………………… 47
　　　（1）インプット理解の練習とは ……………………………………… 47
　　　（2）インプット理解を確かめる方法 ………………………………… 51
　4-3. アウトプット練習 ……………………………………………………… 55
　　　（1）アウトプット練習の役割 ………………………………………… 55
　　　（2）ドリル練習 ………………………………………………………… 57
　　　（3）タスク練習 ………………………………………………………… 65
　4-4. インプットとアウトプットの両方に焦点を当てた練習 …………… 69
　練習の仕方 ―まとめ― …………………………………………………… 74

5 フィードバック ……………………………………………………………… 76
　5-1. 誤りに対する態度 ……………………………………………………… 76
　5-2. 誤りの原因 ……………………………………………………………… 77
　　　（1）学習者の母語の影響がある例 …………………………………… 77
　　　（2）誤ったルールを形成してしまった例 …………………………… 78
　　　（3）たまたま言いそこなってしまった例 …………………………… 79
　5-3. 誤りの重大性 …………………………………………………………… 80
　5-4. 誤りの訂正の仕方 ……………………………………………………… 81
　フィードバック ―まとめ― ……………………………………………… 84

おわりに～文法授業の組み立て方～ ……………………………………… 86

解答・解説編 …………………………………………………………………… 91

【参考文献】 …………………………………………………………………… 98

巻末資料 ………………………………………………………………………… 101

> Ⅰ. 理論編

みなさんは文法が好きですか。言語を分析して文法について考えるのが大好きな人も、また、難しい文法説明を読むと頭が痛くなるという人もどちらもいるでしょう。これまで文法を一生懸命勉強したけれど、「少しも役に立っていない」、とか「結局、話せるようにならなかった」と感じている人も多いのではないでしょうか。

本書の理論編では、**学習者が実際の場面で言語を使えるようになる、つまり「言語を習得する（language acquisition）」**ためには、「どのような文法を、どのように教えたらいいのか」を、言語学や第2言語習得の研究の成果を紹介しながら、みなさんといっしょに考えていきたいと思います。

 # 文法とは何か

1-1. 文法の定義

 ふり返りましょう

【質問1】
みなさんは、「文法」ということばを聞いて、どのようなことを思い浮かべますか。具体的な文法項目を出してもかまいません。文法とは何か、自分のことばで表現してみてください。

はっきりと説明できたでしょうか。わかっていると思っていたことでも、あらためて考えてみると、ことばにするのは難しかったりするものです。文法とは何かについて、これまでに言われてきたことをいくつか見てみましょう。

> 言葉を交わすときに、話し手と聞き手のあいだで共通の規則が共有されていなければ言葉は通じないし、規則に外れた表現をすれば了解不能となる。文法とは、言葉にかかわるこうした規則のうち、文をつくるための規則の総体を指す。
>
> 日本語教育学会（2005）『新版日本語教育事典』p.61（大修館書店）

> 　文法とは、文字通り「文」についての「法」、つまり正しい文を作るための決まりのことです。
>
> 　　　　　町田健（2002）『まちがいだらけの日本語文法』p.3（講談社）

> 　文法とは、ある言語においてどのように文が形成されるかを決める規則を記述したものである。
>
> 　　　　　Scott Thornbury 著・塩沢利雄監訳（2001）『新しい英文法の学び方・教え方』p.10
> 　　　　　　　　　　　　　　　　　　　　　　　（ピアソン・エデュケーション）

> 　文法 (grammar) とは何かといったことを、きわめて簡単に言ってしまえば、おおよそ次のようになろう。文法とは、単語から文が形成されるにあたっての法則・きまりである。
>
> 　　　　　益岡隆志ほか（1997）『岩波講座言語の科学5　文法』p.4（岩波書店）

　これらの例から確認できることは、**「文法とは、ある言語において、正しい『文』を作る際に共有されているルールである」**ということです。【質問1】でみなさんが考えたのとだいたい同じでしたか。それとも、少し違っていましたか。では、これから、この定義をもとにして、「正しい文」とはどういう文なのか、また、実際の場面で学習者が使えるようになるという観点からみて、「文法とは何か」について、いっしょに考えていきましょう。

1-2. 形のルール

　私たちは、「文法的に正しい」、「文法的にまちがっている」という表現を、よく耳にしたり口にしたりしますが、これはどういうことなのでしょうか。

 考えましょう

【質問2】
次の文は文法的に正しいでしょうか。また、その理由を説明してください。

　1）あの人は、来るかもしりません。
　2）先生の話は、わかります、やすいです。

3

文法的に正しいかどうかを判断することを、「文法性判断」と言いますが、この2つの例は、迷うことなくまちがいだと判断できたのでないかと思います。1)は、推量を表す「かもしれない」という助動詞の形のまちがい、2)は「わかりやすいです」の接続（活用）のまちがいです。これらは、文法の中でも、比較的自信をもってまちがいだと判断できます。このように、一文を見ただけで誤りであると判断できる基準を、この本では**形のルール**と呼ぶことにします。

1-3. 使い方のルール

では、形のルールが守られていれば、すべて正しい文と言えるでしょうか。

 考えましょう

【質問3】
次の会話の下線部分の文が正しいと言えるかどうかを考えてみてください。また、どうしてそのように判断するのか理由も考えてください。

3)＜レストランで＞
A：<u>部長は何になさりたいですか。</u>
B：そうだね。ぼくは、うなぎにしようかな。

4) A：先生は、中国にいらっしゃったことがありますか。
B：いいえ、まだです。でも、いつか行きたいと思っています。
A：<u>中国にいらっしゃったら、私が先生を案内してさしあげます。</u>

これらの例では、一文で見ると、形のルールは守られています。しかし、会話全体の複数の文（談話）で見ると、適切でなかったり、文として自然ではなかったりします。3)の場合、「～たい」を使って目上の人に希望を聞くのは、日本語では失礼になります。「部長は、何になさいますか」という言い方が、適切です。4)も「じゃあ、ご飯作ってあげるね」など、「～てあげる」を使う表現は、親しい関係ではよく使われるのですが、目上の相手に対しては、話し手が相手に対して恩に着せるニュアンスがあるため、あまり使われません。かわりに「私が先生をご案内いたします。」や「私に案内させてください。」と言います。

このように、私たちが言語を使用する際には、**「いつ、どこで、だれが、だれに、**

何について、どのように言うか」という問題が常について回ります。形のルールをまちがえても、相手はまちがいだということに気づきやすく、相手を不快な気持ちにさせることはあまりありませんが、使い方のルールをまちがえた場合、相手を不快にさせる可能性があります。また、4)の例のように、異文化間では言語使用のルールが違うこともあります。このことから、私たちは、ある場面において**「なぜ日本語ではこういう言い方をするのか」**ということについても、**使い方のルール**として学習者に知らせる必要があることがわかります。

1-4. 文の意味と機能

文法を考えるうえで欠かせないもう1つの重要なことは、文の意味と機能です。

(1) 文の意味

 考えましょう

【質問4】

次の下線の文は正しいと言えるでしょうか。その判断の理由も述べてください。

5) <u>ぼくは、村の娘です。</u>

6) <u>3時まで、家にいます。</u>荷物は3時以降、家に届けてください。

これらの例も、文の**形のルール**は守られていますが、この文だけでは変な感じがします。5)の場合、男の「ぼく」が「村の娘」だとは常識では考えられないからです。でも、この「ぼく」が役者だったとしたら、どうでしょうか。「私は劇で村の娘の役をする」という意味になり、正しい文だということになります。

一方、6)の例は、前の文と後の文が意味的に合いません。下線部分は「3時まで留守にしています。」か、あるいは「3時以降家にいます。」でないと、この文の意味が成立しません。

これらの例は、文法にかかわる重要なことを教えてくれます。1つは、**文の意味は、その文だけでなく、常識やその文の使われる状況、前後の文などの文脈・場面によっても支えられている**ということです。もう1つは、**文法性の判断には、その文脈・場面を含めた意味が非常に重要な役割を果たすので、一文だけでは、その文**

が正しいかどうかは判断できないということです。意味が成立しない文は、形のルールを守っていても、正しい文であるとは判断されません。

(2) 文の機能

1つの文が、ある特定の文脈・場面の中で用いられたときに発生する意味のことを、**文の機能**と言います。機能を表すときには、「依頼」「要求」「命令」「助言」などのように、話し手や書き手の意図を表すことばを使います。

では、会話や文章の中で、文がどのように機能するかを実際に見てみましょう。

 考えましょう

【質問5】

7) と 8) の下線の文の機能について考えてください。

7) A：夏休みはどこかへいらっしゃいますか。
   B：今年は家族でスイスに<u>行くことになっています</u>。
   A：まあ、いいですね。

8) A：今夜、映画見に行きませんか。
   B：ああ、今夜は7時に歯医者に<u>行くことになっています</u>。
   A：そうですか、残念。

7) の会話のBは、意味も機能も自分の予定を伝えるものですが、8) は、意味としては「予定を伝える」で、機能的には、Aの「さそい」に対するBの「断り」という機能を果たしています。

このように、文の機能は、文の意味と必ずしも同じではないので、「説明」なのか「断り」なのかがわからなかったり、話し手の意図したことが、そのまま聞き手に受け取られなかったりする可能性があります。たとえば、「~てください」という表現では、図書館の受付の人が利用者に、「ここに名前を書いてください。」と言うと、「依頼」の機能となり、友人に向かって、「どうぞ遊びに来てください。」と言うと、「さそい」の機能となるのです。

また、似ている機能を持った文の微妙なニュアンスの違いが、コミュニケーション上の問題を引き起こすこともあります。

【質問6】

次の会話の中で、下線を引いた部分は、少し不自然です。それはどうしてだと思いますか。

9) A：今度、出張でシドニーに行くんだけど、どのホテルに泊まったらいいかしら。

    B：シドニーですか。シドニーなら私の両親が広い家に住んでいるので、そこに泊まったほうがいいですよ。両親も喜ぶと思います。

　AはBにホテルについてアドバイスを求めていますから、アドバイスの機能を持つ文を使えばいいはずなのですが、このような場面では、「〜たほうがいい」よりも、「〜はどうですか」や「〜といい」などが適切です。「〜たほうがいい」は、アドバイスの中でも「ホテルAとホテルBなら、ホテルBのほうがいい」というような選択的なアドバイスや、「このアドバイスに従わないと大変なことになるよ」というような忠告をする場合に、適しているからです。

　このように、ある文の持つ意味・機能に関する情報は、「どの場面で、だれに、どのように使えばいいのか」という使い方のルールを学習者に示してくれます。文法を教える際には、ある文が文脈・場面の中でどのように使われるのかを、学習者に示すことが大変重要です。

1-5. 文法の3つの要素

さて、これまで、みなさんにさまざまな文について考えてもらうことで、「文法的に正しいとはどういうことなのか」を考えてきました。その判断には、**形のルール、使い方のルール、文の意味と機能**がかかわってくることを述べてきました。これらは、**文法の3つの要素**と呼ばれています。この3つの要素は非常に密接につながっていて、お互いに関係し合いながら文法を形成しています。それを図にまとめると次のようになります。

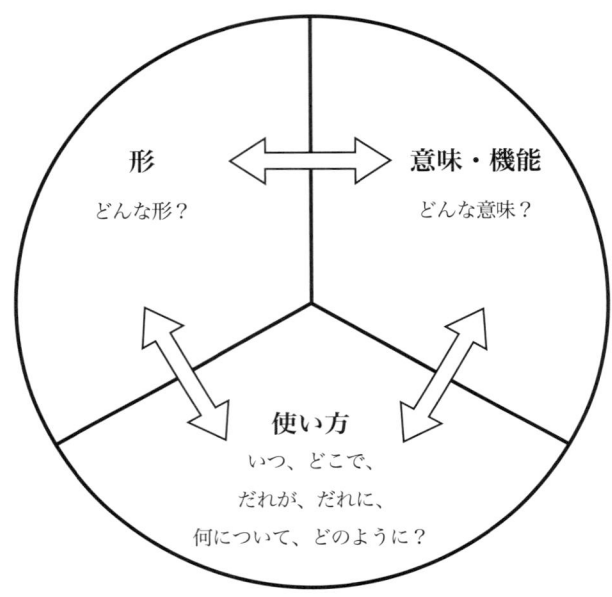

図1：文法の3つの要素～形と意味・機能と使い方の関係～ (*1)

1-6. 文法のゆれ

今まで、みなさんには、さまざまな文の文法性を判断してもらいましたが、その判断には、迷うものもあったのではないでしょうか。正しい文というのは、地域や時代によっても変化するもので、正しいかどうか判断しにくい場合があります。中には、母語話者の間でも文法性判断に違いがある場合があります。こうした違いを「ゆれ」と言います。

考えましょう

【質問 7】

今までの質問と同じように、次の文が文法的に正しいかどうかを考え、そのように考える理由を述べてください。

10）私は、さしみを食べれません。
11）あなたの用事がすむまで、私は外で待っておきます。
12）私は今朝、犬のタロウにえさをあげました。

まず、10）から見ていきましょう。これは、今、日本社会でよく「日本語の乱れ」の問題として取り上げられている「ら抜き」ことばの例です。この変化は、江戸時代初期から始まっている歴史的なもので、可能形を受身や尊敬と区別しようとする変化です。このような合理的で歴史的な変化を背景に持つ文は、誤りであるとは言いきれない面もあります。「乱れている」と指摘されることばも、いつの間にか、社会的に「当然」と受け入れられるようになるケースは珍しくなく、その過程は、「誤用→ゆれ→慣用→正用」という流れで整理できる場合があります。

では、11）のような場合はどうでしょうか。誤りではないと思った人は、関西圏の方言の影響がある人ではないでしょうか。東京では、普通、「あなたの用事がすむまで、私は外で待っています」と言います。

12）は日本語の教科書の中には、動物や植物に対しては「やる」という動詞を使うよう指導されているものがあります。しかし、「あげる」の敬語的な意味が薄れている現在では、よく使われている例です。

10）〜12）の例は、「いつ、どこで、だれが、だれに対して」言ったかによっては、文法的に正しいと判断される可能性があることを示しています。

このように、文法性の判断は、日本語母語話者であっても、必ずしも同じではなく、その形自体が抱えている問題（例：ら抜きことば）や、その文法性を判断する人それぞれのいろいろな言語的背景（年齢、地域、性別、価値観や文化など）によって、判断にはゆれがあります。自分の判断と違う人に出会ったとき、「本当にまちがっているのだろうか」とか、「どうして判断が違うのだろうか」と考える必要があります。

文法とは何かーまとめー

整理しましょう

【質問8】 →〈解答・解説編へ〉

次の文章は、この章で考えたことを整理してまとめたものです。下線部分に適切なことばを入れてください。

　第1章では、さまざまな例文の文法性を、一文、複数の文（談話）、そして意味・機能でそれぞれ判断してもらうことで、文法とは何か、また「文が文法的に正しい」とはどういうことなのかを考えてきました。そして、文法には、3つの要素があることを確認しました。それは、まず ＿＿＿＿＿＿ のルール、それから、「いつ、どこで、だれが、だれに対して、何について、どのように、なぜそのように言うのか」という ＿＿＿＿＿＿ のルール、そして、文の意味・機能の3つでした。この3つの要素は、お互いが非常に密接にかかわり合って文法を形成しています。
　また、文法性の判断は、常に絶対的なものではなく、その形自体が抱える問題や、判断する人の ＿＿＿＿＿＿ 、地域、性別、価値観や文化などの言語的背景などによって、個人による ＿＿＿＿＿＿ があることも確認しました。

注

*1：Larsen-Freeman (1991)pp.280–282 を参考にした。

MEMO

2 なぜ文法を教えるのか

　外国語教育の現場では、「学習者がなかなかコミュニケーションできるようにならない」、「実際の場面で使えない」という声がよく聞かれます。第2章では、文法を学習することは、**「実際の場面で言語を使えるようになる」**うえで、どのような役割を果たすのか、言語習得のメカニズムの観点から考えていきます。

2-1. 言語習得のメカニズム

 ふり返りましょう

【質問9】
みなさんが、これまで、自分の母語を話せるようになるまでのことと、母語以外の言語を習得していく場合のことを思い出してみましょう。文法の学習が必要でしたか。それはなぜですか。

　子どもが母語を身につけていくときには、文法を教えてもらうことなく、自然にことばを身につけていきます。一方、母語以外の言語の場合には、文法を学んだ経験のある人が多かったのではないでしょうか。
　子どもの第1言語（母語）習得と、大人の第2言語習得の大きな違いは何でしょうか。子どもは苦労しなくても母語を話せるようになるのに、大人になってからの第2言語は簡単に身につけることはできません。とても上手になる人と、なかなか上手にならない人がいます。どうしたら上手になるのでしょうか。
　人がどのように第2言語を身につけていくのか、第2言語習得のメカニズムを解明し、同時に、どのような習得方法が効果的かということを追及しているのが、第2言語習得研究です。では、そこで考えられている第2言語習得のメカニズムを見てみましょう。
　人が第2言語を習得する方法はさまざまですが、次の図2で表される過程は共通していると考えられます。「インプット」とは、学習者に入力される目標言語（日本語学習の場合は日本語）で、つまり「学習者が聞く日本語」「読む日本語」です。「アウトプット」とは、学習者が出力する目標言語（日本語）で、つまり「学習者が話す日本語」「書く日本語」です(*1)。

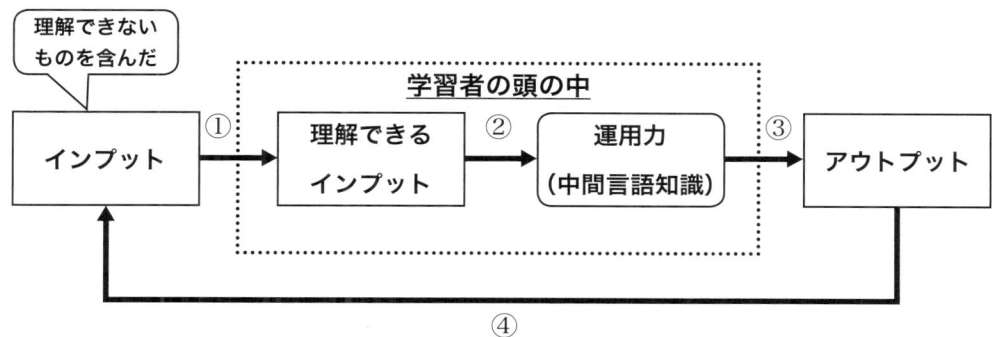

図２：第２言語習得のメカニズム (*2)

　学習者は、第２言語を習得する際に、まず、ある状況の中で「聞く」あるいは「読む」ことにより**目標言語のインプット**を受け（図の①）、その中から、自分の第２言語の発達段階に合った**理解できるインプット**を取り入れます。そして、それをもとに学習者独自の文法体系（自分なりの言語的なルール）を作りあげていきます（図の②）。その文法体系は、実際に言語を運用する力である**運用力のもと**になるものです。②の学習者の頭の中にある独自の文法体系は、はじめから正しい文法体系にはならず、発達の途中にある言語体系、つまり、**「中間言語知識」**と呼ばれます。そして、その運用力をもとに、「話す」「書く」という言語の**アウトプット**をすることになります（図の③）。その際、学習者は、相手に自分の言ったことを理解してもらえなかったり、あるいは修正されたりすることによって、自分のアウトプットの誤りや、不十分さに気がつきます（図の④）。

　つまり、人は文法を意識的に学習しなくても、読んだり聞いたりしたインプットの中から、自分なりの言語的なルールを作ることができます。そして、話したり書いたりするアウトプットを通して、自分の作ったルールの適切さを確かめ、ルールを書き変えていくわけです。外国で暮らしているうちに、言語の学習の機会を持たなくても、その国のことばを使えるようになる人がいるのは、このような仕組みがあるからです。

　また、この図は、学習者のインプットやアウトプットに、教師がどのようにかかわることができるかということも示しています。

 考えましょう

【質問 10】
図２のプロセスに、教師はどのようにかかわることができるでしょうか。

13

教師がかかわることができるのは、次の点です。
1) どのようなインプットをどのように与えるか（図2の①）。
2) どのようにアウトプットをさせるか（図2の③）。
3) どのようにアウトプットに働きかけるか（図2の④）。

一方、図2の点線内は、学習者が自分の頭の中で、学習者独自の文法体系を作りあげていくプロセスなので、教師はかかわることが難しい部分です。

図2の言語習得のプロセスから、言語習得には、インプットとアウトプットが大切で、意識的な文法の学習は必要ないのではないかという考え方をする人もいます。しかし、文法の学習は言語習得に影響がないのでしょうか。

 ふり返りましょう

【質問11】
自分の第2言語の学習体験をふり返って考えてみてください。文法学習は、みなさんにとって、どのように役に立ちましたか。

おそらく、文法学習の効果をいろいろな形で実感している人が多いと思います。文法の説明を聞いたり読んだりしたから、その言語ができるようになったと考えている人が多いのではないでしょうか。

では、第2言語習得のメカニズムでは、文法の学習はどのように考えられているのでしょうか。いろいろな議論がありますが、次の図のような考え方があります。

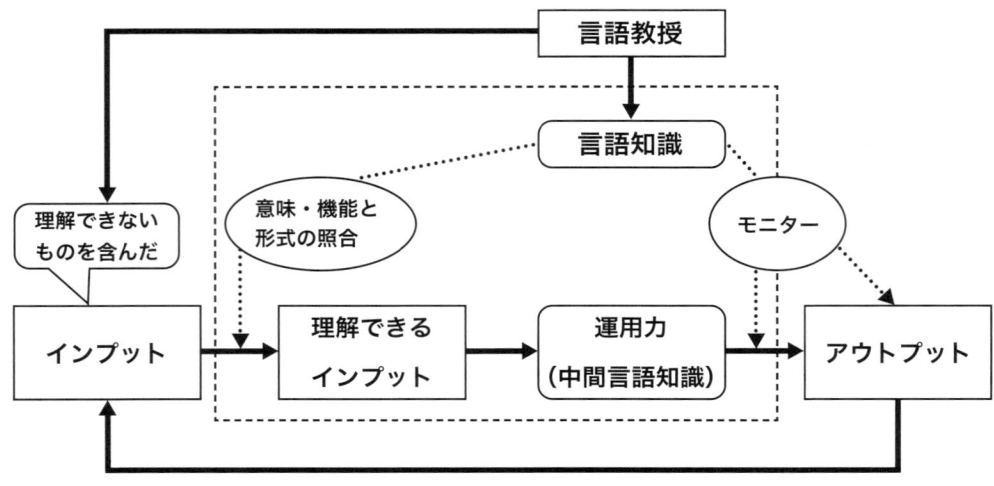

図3：第2言語習得のメカニズムと文法 (*3)

外国語を学ぶときに、（言語教授による）意識的な文法の学習をすると、「言語知識」が得られます。言語知識を得ることは、次のような効果があります。
1) インプットの中の言語の形式と、それが表す意味や機能との関連がよりわかりやすくなり、普通に聞いたり読んだりする（インプットを与えられる）だけでは気づかないことに、注意が向く（気づく）ようになる（意味・機能と形式の照合）。
2) 話したり書いたり（アウトプット）する際、それが正しいかどうかをチェックし（モニター）、誤りの修正を助ける（モニター）。

このように、文法を意識的に学習することで、言語習得がより効率的で、質の高いものになると考えられています。

2-2. なぜ実際に使えるようにならないのか

では、教室で、インプットとアウトプットのチャンスがあり、文法の学習をやっていれば、学習者は、実際の場面で言語を使えるようになるのでしょうか。みなさんやみなさんのまわりでは、それらをやっているはずなのに、学習者がうまく話せるようにならない、使えるようにならないと感じている教師が多いのではないでしょうか。

 ふり返りましょう

> 【質問12】
> みなさんの教室では、ある文法項目の学習をする際、次のうちどれに時間をかけていますか。多い順にあげてみてください。
> ・文法の説明
> ・その文法項目を含む日本語の「インプット」
> ・その文法項目を含む日本語の「アウトプット」

文法の説明、すなわち、言語知識を与えることは、十分行っているのではないでしょうか。従来の文法学習は、いかに言語知識を、分析的にわかりやすく細かく説明するかということに力が注がれていたと言ってもよいでしょう。しかし、文法のルールや意味・機能をことばで説明した知識（明示的文法知識/explicit grammatical knowledge）を学習者に提示すること、ただそれだけでは言語習得は効果的に進み

ません。図3で見たように、言語習得には、インプットとアウトプットが重要であり、言語知識を得ることを主な目的とした文法の学習だけをしていても、言語は習得されません。

みなさんの学習者は、その文法項目を含む日本語を聞いたり読んだりするインプットと、その文法項目をアウトプットすることの両方に十分な時間をかけていますか。おそらく、コミュニケーションのための日本語学習の必要性が叫ばれるようになってから、アウトプットに関しては、さまざまな工夫がなされていると思います。しかし、インプットに関しても、同じように時間をかけたり、工夫したりされているでしょうか。

コミュニケーション重視が言われるようになってから、初級の文法を中心にした教科書を使って教えている現場では、大まかに言って、次のような授業の流れが多く見られるようになっていると思います。

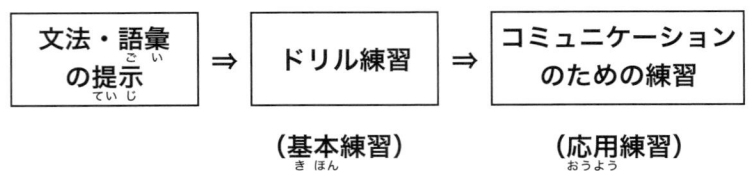

このような流れの中では、見落とされやすいことがあります。それは、学習者に文脈・場面のある自然なインプットを豊富に与えることです。学習者の言語の習得が進むには、学習者が、その形と意味・機能の関係に自ら気づくことが重要です。学習者は、文脈・場面のあるインプットを聞いたり見たりして、その意味を考えることで、自分なりの中間言語知識を作っていくのです。そのためには、文法・語彙の提示のあと、すぐにドリル練習やコミュニケーションのための練習などのアウトプットの活動に入るのではなく、その文法項目の含まれている「理解可能なインプット」を、学習者に文脈・場面とともにたくさん与えることが重要です。言語知識を使って、聞いたり読んだりすることで、文法の理解も深まっていきます。

そこで、インプットを理解する練習を十分に行うということを重視し、次のような授業の流れを意識するとよいでしょう。

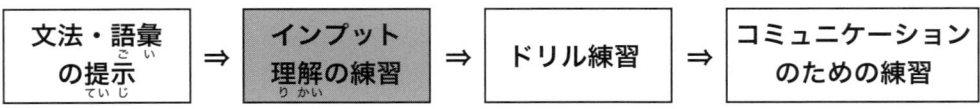

特に、教室外で日本語のインプットを受ける機会が限られている海外では、できるだけ日本語を読んだり聞いたりしてインプットを得るチャンスが必要です。

　また、第2言語習得を促進するためには、インプットの量だけでなく質も問題となります。では、質のよいインプットとは、どのようなものでしょうか。

 考えましょう

【質問13】
次の2つのインプットを比べてみて、質のよいインプットの条件について、考えてみましょう。（文法項目「もらう」）

　①教科書の中にある次の例文を聞く、または読む。
「花子は太郎に手紙をもらいました。」

　②次のように教師が話すのを聞く。
「昨日は、私の誕生日でした。私は娘にかわいい手紙をもらいました。とてもうれしかったです。みなさんは、誕生日に何をもらいましたか。」

　①は、「もらう」を含む一文の例文で、いかにも文法の学習のために作られた文のようです。それに比べて②は、文脈・場面の中で意味内容が示されており、現実のコミュニケーションにありそうな文です。そして、誕生日という身近な話題が、学習者の興味や関心を引くでしょう。
　このように、インプットは、どのような状況でその文が使われているかわかることが大切です。そして、その文の文脈・場面や意味内容が、より学習者に身近で、興味や関心の高いものであればあるほど、質のよいインプットになります。

　では、インプット理解の練習さえ行っていれば、日本語が上手に使えるようになるのでしょうか。多くの人は、やはりアウトプットの活動も重要だと考えていると思います。できるだけ実際のコミュニケーションに近い状況で、アウトプットの活動を行うことも、実際の場面で言語を使えるようになるためには、不可欠なことです。

【質問14】

次のアウトプットの活動は、初級の授業でよく行われる活動です。これらの例は、実際の会話とどう違うでしょうか。使用する表現や文法項目、会話の進め方などの点から分析してみてください。

活動例1

例のように（　）の中の動詞を「〜てある」の適当な形にしてください。

例）A：この手紙出してきてください。
　　B：ええ、でも切手が（貼る→貼ってあり）ませんよ。

(1) A：ケーキが（買う→　　　　　）ね。誰かの誕生日だっけ？
　　B：今日はお兄ちゃんの18歳の誕生日だよ。

(2) A：忘れ物はない？
　　B：うん、荷物はもう、全部カバンに（入れる→　　　　　）よ。

(3) A：たばこ、吸ってもいいですか。
　　B：だめですよ。あそこに「禁煙」って（書く→　　　　　）よ。

（以下略）

Mizue Sasaki ほか（1997）『会話のにほんご＜ドリル＆タスク＞』p.13（The Japan Times）を利用

活動例2

引っ越しする時にもいろいろな準備が必要です。引っ越し先のアパートと引っ越しの日程はもう決まっていますが、他にどんな準備が必要でしょうか。次のチェックリストを使い、「引っ越し」をする時のチェックリストを作ってみましょう。

――＜やり方＞――

① 2つのグループに分かれます。

② グループで話し合って、チェックリストの項目をできるだけ多く書いてください。項目は「〜に電話する」のように、動詞の辞書形で書きます。

③ 各グループで順番に一人ずつ、自分たちのチェックリストを使って、相手のグループに、「〜は〜ましたか」と聞いていきます。

④ 答えるほうは、その項目が自分たちのチェックリストにあれば、「はい、もう〜てあります」と答え、なければ「いいえ、まだ〜ていません」と答えます。

⑤ 相手の答えが「はい」の時は、両方のグループのポイントになります。どち

らのグループの人も、チェックリストの「ポイント」の欄に○をします。
⑥相手の答えが「いいえ」の時は、相手グループが「どうしてその準備が必要ですか」と聞き返します。その項目がなぜ必要かうまく説明できれば、そのグループのポイントになりますので、そのグループの人は「ポイント」欄に○をします。
⑦両方の全部の項目の質問が終わった時に、ポイントが多いほうのグループが勝ちです。

【チェックリスト】

	準備すること	ポイント
例)	運送屋に電話をする	
(1)		
(2)		
(3)		
(10)		
(11)		

Mizue Sasaki ほか（1997）『会話のにほんご＜ドリル＆タスク＞』pp.16-17（The Japan Times）を利用

　実際に使えるようになるためには、アウトプットの活動をするとき、実際の会話に近い状況で行うことが重要です。では、実際の場面での会話と、【質問14】の練習を比べた場合、どのような点が異なるでしょうか。
　活動例1は、「〜てある」を使って、動詞の「形」がうまくアウトプットできるかどうかに焦点が当たっています。言語の学習の場面でしか、このようなアウトプットの活動をすることはないでしょう。活動例2は、チェックリストを利用しながら、引っ越しの準備の次のような会話の練習をすることになります。

A：運送屋に電話をしましたか。
B：はい、もうしてあります。
A：いらないものを捨てましたか。
B：いいえ。まだ捨てていません。どうして、捨てる必要がありますか。
A：引っ越しをするとき、荷物は少ないほうがいいです。

活動例1に比べると、活動例2は、本当にありそうな引っ越しをテーマとした会話で、実際の会話に近い状況になっています。しかし、実際の場面の会話というのは、次のような特徴があります。

1) 自分の発話に対して相手がどのように出るかによって、次の自分の発話の内容が変わってくる。
2) 会話の相手の言ったことに、すぐに反応しなければならない。
3) どのような表現や文法項目を使うのか、常に自分で判断しなくてはならない。

では、活動例2の活動ではどうでしょうか。やり方にもよりますが、学習者は、どんな文法項目の活動なのか、活動を始める前からわかっていたり、また、モデル会話が示されるなど、会話の進み方が決まっていたり、会話を始める前の準備の時間があったりすることも多いでしょう。ということは、このような活動と実際の場面の会話とは、ずいぶん条件が違っているということになります。

このように、教師は教える際に、質のよいインプットと、実際の場面に近い状況でのアウトプットのチャンスをたくさん学習者に与えられるよう心がけましょう。

2-3. 文法を教えるとは

 ふり返りましょう

【質問15】
みなさんは、「文法を教える」というと、どのような授業をイメージしますか。文法を教えるとき行われる、具体的な活動をあげてみましょう。

「文法を教える」というと、「教師が学習者に文法項目を提示し、その説明を理解したかどうか、文法の練習問題をさせることで確認する」といった授業をイメージする人が多いのではないでしょうか。しかし、【質問10】で確認したように、教師が文法を教えるチャンスはたくさんあります。インプットを学習者に与えたり、アウトプットの活動を効果的に設定したり、アウトプットに教師がフィードバックを与えたりすることも、すべて文法を教えることにつながります。

このように考えていくと、「文法を教える」ということは、**学習者の言語習得のメカニズムを大いに活用し、その働きを助けること**と言えるでしょう。

人は、相手のメッセージを理解したり、相手にメッセージを伝えたりする中で、

試行錯誤をくり返して、ゆっくりと言語を習得していきます。ですから、教師は、**意味の理解と伝達を中心にした活動を設定し、そこに使われている文法項目にも注目させるという方法をとる**ことが、習得のメカニズムにそった「文法を教える」ことと言えるでしょう。

そこで、この本では、「文法を教える」ということを次のように定義します。

「文法を教える」とは、教師が、学習者の文法の理解と使用を助けることである。具体的には、学習者に、ある特定の文法に注目させたり、考えさせたり、説明を加えたり、その文法を使った言語活動を設定したりする教育的なテクニックをさす。(*4)

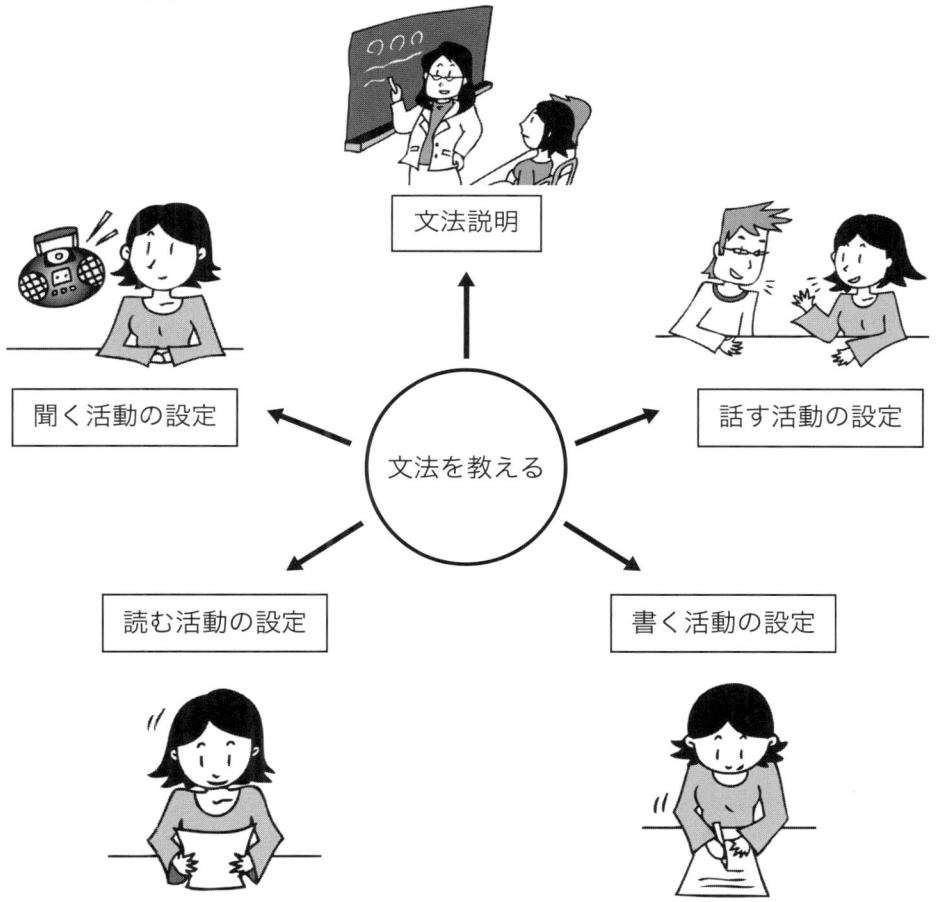

このように、「文法を教える」という教師の仕事を広くとらえて考えてみましょう。文法の学習というと、「文法の知識」を学ぶことを中心に考えがちですが、知識を持っているだけでは、言語を運用することはできません。文法の知識を整理し、ルールを覚えることは、日本語学習の一部にすぎず、その知識を使って、日本語を読ん

だり聞いたり、話したり書いたりする活動をしてはじめて、言語が運用できるようになっていきます。教師が文法説明をくわしくするよりも、聴解、読解、会話などの活動をより多く設定したほうがいい場合もあるのです。

次のⅡ.実践編では、文法にかかわる教育的テクニックである「提示の仕方」、「練習の仕方」、「フィードバックの仕方」の3つについて取り上げ、具体的に考えていきます。

なぜ文法を教えるのかーまとめー

 整理しましょう

【質問16】　　　　　　　　　　　　　　　　　→〈解答・解説編へ〉
次の文章は、この章で考えたことを整理してまとめたものです。下線部分に適切なことばを入れてください。

　第2章では、「なぜ文法を教えるのか」を考えるために、まず、第2言語習得のメカニズムを見ました。学習者は、聞いたり読んだりして目標言語の_____を受け、独自の文法体系（中間言語知識）を作りあげます。そして、それをもとに_____（話したり書いたり）します。このメカニズムの中で、文法を意識的に学習することは、言語習得を、より効率的で質の高いものにします。

　第2言語習得のメカニズムにそって、なぜ言語を実際に使えるようにならないのかについて考えると、_____のある自然な_____を豊富に与えることが重要であることがわかります。それに加えて、実際の場面に近い状況で、_____をたくさん行うことが重要です。この習得のメカニズムをヒントにすると、教師にとって「文法を教える」とは、「学習者の言語習得のメカニズムを大いに活用し、その働きを_____こと」となります。

注
*1：国際交流基金日本語教授法シリーズ5『聞くことを教える』参照。
*2：高島（2000）p.20を参考に作成。
*3：Ellis（1995）p.89、高島（2000）p.20、国際交流基金日本語教授法シリーズ5『聞くことを教える』p.8を参考に作成。
*4：Ellis（2006）を参考にした。

── **MEMO** ──

II. 実践編

Iの理論編では、「文法とは何か」(第1章)、「なぜ文法を教えるのか」(第2章)を、言語学や第2言語習得の研究の成果をもとに考えました。IIの実践編では、これらの理論をどのように実際の授業に応用すればいいのかを、具体的に考えていきます。

3 文法の提示の仕方

3-1. 何を提示するか

(1) 文法の3つの要素

第1章のまとめで確認したように、文法には、3つの要素（形のルール、使い方のルール、文の意味と機能）がありました。そして、3つの要素は、お互いに深くかかわっていました。文法項目の提示をするときには、3つのうちのどの要素を提示しているかを意識しながら、学習者のレベルに配慮して、3つの要素をかたよりなく提示する必要があります。

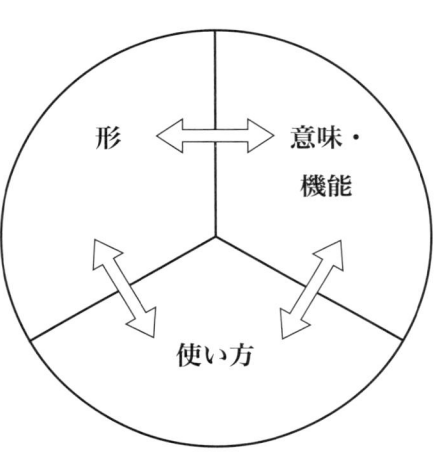

 やってみましょう

【質問17】
みなさんが、希望を伝える表現「〜たい」を教えるとします。どんなことを提示しますか。箇条書きで書き出してください。そして、それは文法の3つの要素のうちどれに当たるか考えてください。

3つの要素が全部入っていましたか。次の【質問18】に、希望を伝える表現「〜たい」を教える際に提示する内容の例をあげました。これらの例で考えてみましょう。

24

【質問 18】

→〈解答・解説編へ〉

①〜⑦が文法の３つの要素のうちどれにあたるのか、（　）の中に「形」「使い方」「意味・機能」のいずれかを書き込んでみましょう。

① （　　　）

ジェスチャーや絵カードを見せたり、すでに知っている日本語で状況を言ってから、新しい文型である「〜たい」を使った文を提示する。

例）私は、眠いです。今日は早く寝たいです。

　　同じ車に10年乗っています。新しい車を買いたいです。

　　もうすぐ夏休みです。私は海が好きです。海で泳ぎたいです。

② （　　　）

動詞のマス形の語幹に「〜たい」がつきます。

　食べます　　　⇒食べたいです。

　書きます　　　⇒書きたいです。

③ （　　　）

「〜たいです」の形の変化は次のようになります。

	非過去	過去
肯定	〜たい	〜たかった
否定	〜たくない	〜たくなかった

④ （　　　）

ＡとＢの会話を比べてみましょう。

A.（レストラン街で）
妻：何食べたい？
夫：う〜ん、昼は肉を食べたから、夜は魚がいいな。寿司にしようか。

B.（レストラン街で）
部下：部長は何がお好きですか？
部長：う〜ん、昼は肉を食べたから、夜は魚がいいかな。寿司はどうだい？

家族間や友人同士の間で、「〜たい（ですか）？」と希望を聞くのは問題ありませんが、あまり親しくない人や上司や年配の人に対しては、「食べたいですか」という質問文は、失礼になることがあります。

25

⑤（　　）

さそいを断るとき、Bのような言い方は適切ではありません。

> A：週末、テニスをしませんか。
> B：最近暑いので、テニスはしたくないです。

次のような表現のほうがよいでしょう。

「最近暑いので、テニスはちょっと…。」

⑥（　　）

動詞のマス形の語幹に「〜たい」がついた形は、希望や願望を表します。実際の場面では、「〜したいんですが」の形で話し手の要求を伝えたり、「何が食べたい？」など相手の希望を聞くときにも使われます。

⑦（　　）

私は水が飲みたいです。

The meaning of the Japanese sentence above is "I want to drink water".

　こうして具体的に「〜たい」にかかわる「文法説明」をあげてみると、非常にたくさんあり、しかもこれで全部ではありません。初級の段階で、学習者にこれらすべての知識を持たせることは難しいでしょう。しかし、実際の場面で適切に使えるようになるためには、④⑤のような使い方に関するルールや、⑥のような機能に関する知識を、何らかの形で持っていることが必要です。特に、④や⑤のようなルールは、相手をいやな気持ちにさせる場合があり、このようなコミュニケーション上問題が発生しそうな使い方のルールについては、学習者のレベルに合わせながら、くり返し教室で取り上げる必要があるでしょう。

　教科書を使って教えている場合、教科書の内容をそのまま教えている人もいると思いますが、それが、文法の３つの要素のうち、どの要素にあたるのかを考えることによって、不足している知識が見えてきます。もし、実際の場面で適切に使えるようになるために不足しているものがあったら、学習者の様子に応じて、取り上げることを検討してもよいでしょう。

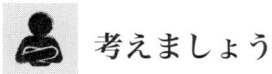 考えましょう

【質問 19】
新しい文法項目を提示したら、学習者から、前に学習した同じような文法や文型表現との違いについて質問が出ました。学習者の頭の中では、どのようなことが起こっているのでしょうか。

「〜そう、〜よう、〜らしい」「〜ている、〜てある」など、学習者にとって、以前に学習した項目との違いが気になってくる項目があります。学習者の頭の中では、すでに知っているものと、新しく提示されたものを比べ、自分なりの文法体系（中間言語知識）を作り直すという作業が行われていることを示しています。前に学習したことも、いろいろな文法項目との違いなどを比べ、その関係を理解してはじめて本当の意味で理解されると言ってよいでしょう。したがって、一度提示された文法項目であっても、その後くり返し取り上げ、文法の3つの要素、特に運用につながる使い方のルールを追加したり、似ている文法項目との使い分けの観点から、言語知識を追加したり整理したりする必要があります。

(2) 質のよいインプット
　第2章で見たように、教師は学習者に、質のよいインプットをたくさん与える必要があります。インプットは、次の2点を重視することによって、質のよいインプットとなります。

　　1）文法項目が使われる自然な文脈・場面がある。
　　2）学習者のレベルや興味、関心に合ったものを提示する。
この2点について、具体的に考えてみましょう。

 考えましょう

【質問 20】
初級の学習が一通り終わった段階の学習者に対する、「は」と「が」に関する2つの提示の内容を見てみましょう。どんな点が違いますか。

説明例1

ポイント1　大切な情報

(1) 伝えたい情報の前→「は」　　伝えたい情報の後→「が」

　　例）田中社長**は**3時に来ます。
　　　　　　　　→伝えたい情報

　　　　田中社長が3時に来ます。
　　　　→伝えたい情報

(2) 疑問詞の前→「は」　答えも「は」で答える。
　　疑問詞の後→「が」　答えも「が」で答える。

　　例）A: これ**は**何ですか。　B: これ**は**時計です。
　　　　A: **だれが**来ましたか。　B: 田中さんが来ました。

ポイント2　はっきり示したい場合

(1) 取り立てて話題にするとき→「は」

　　例）3年前にあの映画を国で見ました。→あの映画**は**、3年前に国で見ました。

(2) 対比して示したいとき→「は」

　　例）**家の外は**寒いですが、**中は**暖かいです。

ポイント3　描写と構文上の決まり

(1) 目や耳に入ってくることを描写するとき→「が」

　　例）あ、鳥**が**水を飲んでいます。

(2) 複文では、主節の主語→「は」、従属節の主語→「が」

　　例）わたしは**子どもがかいた**絵を見ました。

(3) 文型　N1 は N2 が〜

　　N1 →話題のもの

　　N2 → N1の部分、感情や能力などの対象、所有するものなど

　　例）この部屋　**は**　窓　**が**　大きいですね。

友松悦子ほか（2004）『短期集中　初級日本語文法総まとめ　ポイント20』pp.10-13
（スリーエーネットワーク）を利用

説明例2

次のaとbの違いについて考えてみてください。

> a. お金がない。
> b. お金はない。

みなさんは2つの文の違いを考えるとき、まず何から考えますか。「は」「が」などの文法的な働きですか。それとも、自分の感じるニュアンスの違いですか。

皆さんが2つの文（語も同じです）の違いを考えるときは、文法的な分析はしないで、まず、その文がどんな場面・状況で使われるか、いつ使われるのかを考えてください。

上の2つの文はどんな状況・場面で使うでしょうか。

例えば、あなたがレストランで食事をして、さあ、お金を払おうとしたとき、財布の中をのぞいたら…no money!!… そんなときあなたはどう言いますか。

そうです。「お金がない」です。こういう場合は「お金はない」は使いません。

実際の会話では次のようになるでしょう。場所は「レストラン」、登場人物Aは会社員・男、Bは会社員・女で、知人同士です。

【会話】　A：おいしかったですね。そろそろ出ましょうか。
　　　　　B：ええ、出ましょう。
　　　　　A：（レジで）私が払いますよ。大丈夫ですよ。
　　　　　B：そうですか。すみません。
　　　　　A：あ、……。どうしよう。
　　　　　B：どうしたんですか。
　　　　　A：すいません、お金がないんです。……
　　　　　B：大丈夫です。私が払いますよ。

では、次に「お金はない。」はいつ使うか、具体的な会話を考えてみましょう。

場所は、「家の中」、登場人物Aは息子・高校生、Bはその母親です。

【会話】　A：お母さん、お金貸して。
　　　　　B：お金？　何するの。
　　　　　A：いろいろ…。
　　　　　B：だめよ。お金はないの。
　　　　　　あなたもわかってるでしょう。

A：う～ん、でも。
　　B：だめと言ったらだめです。

　　　　　　市川保子（2006）「文法を楽しく!!「は」と「が」(1)」『日本語教育通信』54 号
　　　　　　　　　　　　　　　　　　　　　　　　　　　　　　（国際交流基金）を利用

　　説明例 1 と 2 では、与える言語知識の内容が異なります。「は」と「が」は、初級の早い段階ですぐに学習する項目ですが、その後、主な学習項目としてあつかわれることが少ないまま、ほかの文法項目の例文中や、読解や聴解の教材などの中、実際の会話や読み物の中で、学習者はよく見たり聞いたりすることになります。そして、学習者の中には、どういう場合が「は」で、どういう場合が「が」なのかという疑問が、だんだんふくらんでいきます。そのような学習者にとって、説明例 1 と説明例 2 は、どのように受け取られるのか、その長所と短所をまとめると、次のようになります。

＜説明例 1 の長所＞
　「は」と「が」の使い分けに関する複数のルールが、例文とともに示されていて、「は」と「が」の全体像の整理に役立つ。
＜説明例 1 の短所＞
　説明例 1 の説明は、あつかわれているルールは多いが、1 つ 1 つのルールであつかわれている例文に、文脈・場面がないので、実際どのような状況でどちらを使えばよいのかこれだけではよくわからない。

＜説明例 2 の長所＞
　場面・文脈のよくわかる会話例で紹介されていて、言語習得のメカニズムの観点からすると、より質のよいインプットとなっている。
＜説明例 2 の短所＞
　「は」と「が」の使い方の全体像が見えるまでには時間がかかる。

　　言語知識としての「は」と「が」の全体像を早く知りたいという学習者には、説明例 1 が好まれることもあるでしょう。しかし、全体像がわかったとしても、それがすぐに適切な使用につながるわけではありません。説明例 2 のように、文脈のあるインプットを与える方が、結果的には習得が早くなるという考え方もあります。

【質問21】
説明例1と2では、文脈・場面の有無のほかにも、いくつかの異なる点があります。次の点について、どのように違うか、また、それは学習者にとってどんな影響を与えるかを考えてください。
・学習者の興味や関心
・文法用語の使用

　説明例1の例文と、説明例2の会話例の例文では、どちらが自然で学習者の興味を引くでしょうか。説明例2のほうが、自然で、状況がおもしろく、身近に感じられませんか。学習者に与えるインプットは、学習者の興味、関心に合ったものを提示することが大切です。また、説明例1は、「疑問詞」「従属節」などの文法用語が使われているので、文法用語の理解も必要になります。文法用語は、説明すると長くなることを、短いことばで表すものなので、文法用語が使えるととても便利です。しかし、文法用語の理解が大変な場合もありますので、学習者が、文法用語に対する知識があるかどうか、正しく理解しているかどうかを考えながら、慎重に使う必要があります。

3-2. どのように文法を提示するか

　3-1では、文法項目の提示内容について考えました。では、次に、文法項目を提示するとき、どのような方法で提示すると、学習者の言語習得を助ける効果的なテクニックとなるかということについて、次の2つの観点から考えてみたいと思います。
　(1) 文法を提示する手段
　(2) 学習者にルールを発見させる

(1) 文法を提示する手段

ふり返りましょう

【質問22】
みなさんは、学習者に文法項目をどのように提示していますか。「○○○を使って提示する」の○○○に当てはまるものをすべてあげてください。

ことばを使う

文法を提示するとき、その説明には、いろいろなものが使われています。一般的に多く使われているのは、「文法用語」、「例文」、「会話例や読解文」などの、「ことば」を使って説明する方法です。この3つは、「文法用語」だけより「例文」があるほうが、「例文」だけより、文脈や場面のある「会話例や読解文」があるほうが、学習者にとってよりわかりやすく、運用力の向上につながります。

文法を提示する際、例文や会話例などは、もちろん目標言語の日本語ですが、文法の3つの要素、すなわち、「形、意味・機能、使い方」の説明は、日本語で行う場合と学習者の母語で行う場合があります。

考えましょう

【質問23】
みなさんは、文法項目の説明を日本語で行っていますか。それとも学習者の母語で行っていますか。学習者の母語で行う場合、その長所と短所を考えてみましょう。

学習者の母語で文法項目の説明をすると、抽象的な概念や、学習者にとって複雑で難しい内容も理解しやすくなります。学習者が疑問を持ったときも、母語で質問ができ、複雑な説明を母語で聞くことができたら、納得しやすいでしょう。しかし、習得のメカニズムの観点からみた場合、目標言語である日本語のインプットは多ければ多いほどよいです。母語での説明に時間をかけるよりも、簡単な日本語で説明したり、日本語の「例文」や「会話例や読解文」をたくさん与えたほうがよい場合もあります。

絵などの視覚情報を使う

例文や会話例などを与えて文法を提示するときに、絵などの視覚情報を使うと、文脈・場面をわかりやすく示すことができます。文法（文型）を導入したり、説明したりするときに使う絵教材は、さまざまなものが出版されています。こういったものを利用して、次のように絵を見せながら、簡単な日本語で場面や状況を理解させたうえで例文を与え、学習する文法項目の意味・機能や使い方を提示することもできます。

文法項目：〜てもいいですか

1　場面・状況を説明する。

「ここは、男の人の家です。女の人は男の人の友だちです。」

2　吹き出しを指し「女の人は電話を使いたいです。」と言う。
3　女の人を指し「女の人が男の人に聞きます。電話を使います。いいですか。」と言う。
4　「〜てもいいですか」を含む文を提示する。「電話を使ってもいいですか。」

足立章子ほか（2004）『絵で導入・絵で練習』p.87（凡人社）(*1)を利用

【質問24】　　　　　　　　　　　　　　　　　→〈解答・解説編へ〉

次の絵を使って、文法項目「〜ている（結果）」の提示を、どのように行いますか。例文と場面・状況の説明の仕方を考えてください。場面・状況の説明は、母語で行ってもかまいませんが、ここでは簡単な日本語で考えてみましょう。

絵①　　　　　　　　　　絵②

足立章子ほか（2004）『絵で導入・絵で練習』p.53（凡人社）

　絵は、例文の文脈（状況）・場面を示すだけでなく、文法用語を使った説明の補足にも有効です。特に、ことばによる説明だけではわかりにくい文法項目に効果的です。たとえば、次の例を見てください。

「こ・そ・あ」の使い方　その場で、ものや人を指して話すとき

(1) 話す人と相手が同じ領域にいるとき

　話す人と相手の共通の領域にあるもの→「こ」

(2) 話す人と相手が対立する領域にいるとき

　　話す人の領域のもの→「こ」、相手の領域のもの→「そ」

(3) 話す人と相手が同じ領域にいて、二人が外の領域のものを指しているとき

　　話す人と相手が共通に見ている領域のもの→「あ」

友松悦子ほか（2004）『短期集中　初級日本語文法総まとめ　ポイント20』p.41
（スリーエーネットワーク）を利用

　この提示内容は、難しい文法用語をたくさん使った説明です。たとえ、母語で説明されても、理解することが難しいでしょう。しかし、この教材には、次のように、例文とともに、絵が提示されていて、「領域」の概念が、わかりやすく理解できるようになっています。

(1) A：**これ**はあなたの本ですか。
　　B：いいえ、**これ**はリンさんのです。

(2) A：**これ**はだれのですか。
　　B：**それ**はリンさんのです。

(3) A：**あそこ**でちょっと休みましょう。
　　B：ええ、**あの**木の下がいいですね。

友松悦子ほか（2004）『短期集中　初級日本語文法総まとめ　ポイント20』p.41
（スリーエーネットワーク）

　このように、絵などの視覚情報は、ことばで説明することが難しい文法項目の理解を助ける効果があります。

【質問25】

視覚情報は、絵以外に、どのようなものがありますか。また、視覚的な教材を使うメリットは何ですか。

図、写真、実物、教師のジェスチャー、そしてビデオなどでも、文法項目を理解することができます。視覚的な教材のメリットは、次の点です。
①言語による文法の提示よりも、短時間で学習者が理解できる場合がある。
②文脈・場面の情報を示しやすい。
③学習者が楽しい気持ちになる効果がある。
④学習者にとって印象深く、記憶に残りやすい。

　また、近年、認知言語学の分野では、人の物事のとらえ方が研究されていますが、それを応用して、文法を「イメージを表す絵図」で提示する方法が注目されています。どのようなことでしょうか。

【質問26】

「象は鼻が長い」と「象の鼻は長い」の違いをあなたはどのように説明しますか。学習者にわかりやすい説明の仕方を考えてください。

　この2つの文の違いを説明するには、この文を言った人の象への注目の仕方を説明しなければなりません。「象は鼻が長い」は、まず象に注目して、次にその一部である鼻に注目してから、その鼻の特徴（＝長い）を述べています。それに対して、「象の鼻は長い」の場合は、象の鼻の部分に注目して、その特徴を述べており、象そのものには注目していません。つまり、目の前にある事実は同じですが、話し手の注目の仕方や順番が違うのです。注目の仕方というのは、抽象的な心の動きなので、具体的な絵で表すことは難しいですが、矢印やマークなどの図と絵を組み合わせることによって、話し手の心の動き、すなわちイメージを表すことが可能となる場合があります。たとえば、それは次のようなものです。

　皆さんが象の姿を頭に思い浮かべて、象について何か話そうとするとき、もう頭の中では「象は‥」という言い方が始まっています。たぶん象全体を思い浮かべ、そのあとで、象の目や鼻や耳など、象の部分を思い浮かべていくでしょう。

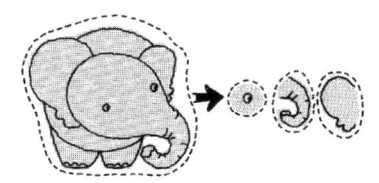

　　　象　➡　鼻　目　耳　‥‥‥‥

> そのとき出てくる文が、
>
> 象は鼻が長い。象は目が小さい。象は耳が大きい。…
>
> です。これらの文では、「象」が話の中心、つまり、主題（トピック）で、目や鼻、耳などは一部分でしかありません。
>
> 一方、象の全体ではなく、象の目や鼻や耳などの部分に注目して、その部分について何かを述べようとするときは、
>
> 象の鼻は長い。象の目は小さい。象の耳は大きい。…
>
> となります。ここでは「象の鼻」「象の目」「象の耳」が話の中心で、象そのものは主題（トピック）ではありません。
>
> 市川保子（2006）「文法を楽しく!!「は」と「が」(2)」『日本語教育通信』55号（国際交流基金）を利用

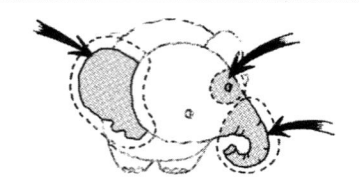

　この説明では、象とその鼻を絵にするだけでなく、矢印を使ったり点線で注目する部分や順番を示したりして、話し手が、「象は鼻が長い」「象の鼻は長い」を言う場合の話し手の心の状態や物事のとらえ方を、イメージを表す絵図で示しています。この方法は、学習者にその文を使う人の物事のとらえ方を、いわば体験させるようなもので、話し手の頭の中にあって具体的には見えにくい部分を、なるべく視覚情報として、学習者に与えようとしている試みです。学習者がうまくイメージできれば、印象（インパクト）が強く、記憶にも残りやすいでしょう。

　文法項目の中には、どんなにくわしく説明しても、なかなか学習者に理解してもらえない、説明の難しい内容があります。特に、使い分けの難しい類似表現の違いなど、ことばによる説明では限界があるものに、このようなイメージを使って提示するという試みを取り入れてみることもできるでしょう。

(2) 学習者にルールを発見させる

ふり返りましょう

【質問27】

みなさんが授業で新しい文法項目を提示し、その「形、意味・機能、使い方」のルールを説明するとき、みなさんの学習者は何をしていますか。次のうち、いちばん近いものを選んでください。

①いつも先生の説明を聞いている。
②先生の説明を聞いたり、自分でルールについて考えたりしている。

　授業には、教師が説明をして、学習者がその説明を聞くという、「講義」のようなタイプの授業（講義タイプ）があります。その場合は、学習者は、「先生の説明を聞いている」ことが多いでしょう。しかし、第2言語習得の観点から考えると、学習者になるべく自分でいろいろなことに気づくようにさせるのが効果的です。学習者にたくさん考えさせて、学習者が自分で「発見する」タイプの授業（学習者発見タイプ）について見ていきましょう。

【質問28】

下の表のような、テ形の作り方のルールを提示するとき、みなさんは、どのような方法で説明をしますか。その方法は、講義タイプと、学習者発見タイプと、どちらに近いですか。

マス形		テ形	辞書形	その他の動詞
買います	って	かって	かう	洗います
立ちます		たって	たつ	待ちます
乗ります		のって	のる	降ります
飛びます	んで	とんで	とぶ	遊びます
飲みます		のんで	のむ	休みます
死にます		しんで	しぬ	——
書きます	いて	かいて	かく	聞きます
泳ぎます	いで	およいで	およぐ	急ぎます
話します	して	はなして	はなす	貸します
行きます	いって	いって	いく	（例外）

テ形の活用表

講義タイプと学習者発見タイプでは、どのような授業が展開されるでしょうか。少し例を示します。

<講義タイプ>

> みなさん、テ形の表を見てください。動詞Ⅰグループ（五段動詞）のテ形の作り方は、「ます」の前が「い、ち、り」は、「って」、「び、み、に」は、「んで」です。「き、ぎ」は、「いて、いで」、「行きます」の場合は「き」ですが、「行って」となります。……以下省略

<学習者発見タイプ>

> 動詞Ⅰグループのテ形の作り方のルールは難しいですが、シートの例を見ながら自分でルールを見つけてみましょう。①と②と③と④では、ルールが少し違います。形のどこに注目すればいいでしょうか。よく見て ? に入る動詞の形を考えてください。

シートの例（板書例）

①買います→買って	歌います→歌って	言います→ ?
立ちます→立って	待ちます→待って	打ちます→ ?
乗ります→乗って	切ります→切って	降ります→ ?
②飛びます→飛んで	遊びます→遊んで	呼びます→ ?
飲みます→飲んで	読みます→読んで	休みます→ ?
死にます→死んで		
③書きます→書いて	聞きます→聞いて	働きます→ ?
泳ぎます→泳いで	脱ぎます→脱いで	急ぎます→ ?
④話します→話して	貸します→貸して	消します→ ?

　この「学習者発見タイプ」の文法の提示は、具体的な例から新しい形を推測させて、テ形の作り方のルールを発見させています。このような、教師が一方的に説明をするのではなく、学習者に何か材料を与えて、観察、分析、考えさせたりする教育方法は、外国語学習に限らず、どんな科目（理科や算数など）でも効果があると

されています。

　そして、第2言語習得理論でも、習得が起こるには、学習者が自分で「こういうときには、ああいう言い方をするんだな」と気づくことが重要であるとされています。つまり、言語の習得にとって、「気づきは習得の第一歩」なのです。そこで、学習者に発見させる方法を工夫することが、教師の重要な役割になります。

　では、学習者発見タイプの授業の例を見て、何を手がかりとして与え、何を発見させているのか具体的に考えてみましょう。

考えましょう

【質問29】

『J.Bridge for Beginners Vol.1』の15課は、はじめてテ形が出てくる課です。 巻末資料1 （p.101）を見て、「2. SPEAKING（発話）」「3. LISTENING（聴解）」「4. FOCUS ON LANGUAGE（文法）」の活動をやってみてください。そして、何を材料にどのように文法項目を提示しているか考えてみましょう。

　まず、「2. SPEAKING（発話）」では、学習者に、絵を見て人や動物が何をしているかを話させます。「～が～ている」を学習していれば、その表現を使って説明できる絵ですが、学習者は、まだこの文法を学習していないため、そのようには言えません。おそらく、今までに学習した「～ます」を使って、たとえば、「お父さんは、庭でそうじします。お母さんは、2階で洗濯をします。」などと言うでしょう。次に、「3. LISTENING（聴解）」で、学習者に、新しい文法項目「～ている」を使った会話を聞かせます。聴解タスク❶では、絵と会話内容の違いを発見させます。そして、聴解タスク❷では、教科書にのっている会話のスクリプトと、CDの音声とが違っている部分（例：CDでは「洗っているわよ」が、教科書では、「洗うわよ」となっている部分）に下線を引かせます。この作業によって、学習者は、「～ている」という新しい言語形式に注目することになり、その意味・機能に気づくことになります。

【質問30】

「4. FOCUS ON LANGUAGE（文法）」では、何を発見させていますか。

　テ形の作り方のルールが、動詞のグループによって異なること、五段動詞（動詞

Ⅰグループ）のテ形の作り方には、4つの種類があり、それらはどのようなルールか、例を分析することによって、発見させています。

このように、『J.Bridge for Beginners Vol.1』には、具体的な状況や場面のわかる絵、会話、豊富な形の例などを材料に、「新しい形」「形と意味・機能の結びつき」「自分の発話と正しい文法項目との違い」「形の作り方のルール」などに注意を向けさせ、気づかせるステップ（この教科書では「観察・発見」と言っています）があります。

【質問31】

巻末資料2（p.104）にある『J.Bridge』2課ステップ2の「INTRODUCTION（はじめに）」「LISTENING（聴解）」「CONSCIOUSNESS RAISING（意識化）」「FOCUS ON LANGUAGE（文法）」の活動をやってみてください。そして、学習者に、ある文法に注目させたり、その使い方に気づかせたりする工夫を見つけてください。

「INTRODUCTION（はじめに）」

まず、いちばんはじめに学習者に旅行のアドバイスをさせることによって、学習者自身が今持っている運用力を示します。

「LISTENING（聴解）」

次に、そのモデルとなる会話を聞きます。そのとき、聴解の問題1と2に答えることを頭におきながら聞きます。この聴解の指示は、内容をつかむためのものです。学習者はそこで、自分が話したときのアドバイスの表現とモデルとの違いを意識することになります。これが1つ目の、学習者に気づかせる工夫です。

その後、聴解の3の指示で、もう一度今度は、そのスクリプトを見ながら聞きます。そのスクリプトでは、その課で中心となる文法が、太字や、下線＿＿＿＿になっていて、聞き取って書き込むようになっています。つまり、文法に焦点を当てたディクテーションです。このことにより、学習者は、内容を理解しながら、そこでどのような文法や文型を使うのかに注目することになります。

「CONSCIOUSNESS RAISING（意識化）」

リスニングの会話の中で、どんな時にどんな文法が使われていたかを質問しています。この質問によって、学習者は形と意味・機能の関係に注目することになります。

「FOCUS ON LANGUAGE（文法）」

注目させた文法についてより深い理解をうながすため、似た意味・機能を持つ文法表現の微妙な意味・機能の違いに気づくような例と質問が出されています。

このように、学習者が発見する、すなわち気づくことは、言語の学習のプロセスの中にたくさんあります。学習者の頭の中では、次のようなことが起こっていると言えるでしょう。

> 言いたいのに言えないなあ。
> 言ってみたけど、これでいいのかな？

> あれ、私の言い方と、
> ＣＤの言い方が違う！？

> そうか、こう言えばいいんだ！
> こういう文法なんだ！

> じゃあ、前に習ったあの表現とは、
> どう違うんだろう…。

　教師は、学習者のこのようないろいろな気づきを大切にし、文法の提示の仕方や練習の仕方を工夫してみるとよいでしょう。学習者が発見するタイプの授業によって、学習者の気づきがうながされ、学習者の言語習得を促進する効果があるのです。

では、このような学習者発見タイプの授業は、よい点だけでしょうか。ほかの観点からも考えてみましょう。

【質問 32】　　　　　　　　　　　　　　　　　→〈解答・解説編へ〉

このような方法でテ形を提示した場合、どのような長所と短所があるでしょうか。次の点から考えてください。

　　・かかる時間

　　・記憶の残りやすさ

　　・学習者の心理面

　学習者発見タイプの授業における文法項目の提示、すなわち、学習者の気づきを重視する提示方法は、習得を促進するという長所がありました。しかし、このような方法でテ形を提示した場合、教師が説明する場合よりも時間がかかります。また、まったく知らない形の意味やルールを自分で見つけることになるので、学習者にも大きいエネルギーが必要で、途中で不安な気持ちになることもあるでしょう。しかし、その一方で、学習者は、主体的に文法に取り組むことになりますし、印象深いので、記憶にも残りやすくなります。

　このように、学習者発見タイプの授業にも、長所と短所があり、学習者や文法項目の特性、その授業の主な目的などを考えて、発見させる要素をどの程度授業に取り入れるかを、常に教師が判断していく必要があるでしょう。

やってみましょう

【質問 33】　　　　　　　　　　　　　　　　　→〈解答・解説編へ〉

この節のまとめとして、初級の学習者を対象に、場所を表す助詞、「に」と「で」の使い分けの説明を考えてみましょう。次の3つの提示方法を考えてください。

　　①ことばによる提示

　　②文法のイメージを表した絵図を用いた提示

　　③学習者発見タイプの提示

文法の提示の仕方ーまとめー

整理しましょう

【質問 34】　　　　　　　　　　　　　　　　　　　→〈解答・解説編へ〉

次の文章は、この章で考えたことを整理してまとめたものです。下線部分に適切なことばを入れてください。

　第3章では、文法の提示の仕方について、何をどのように提示するかを考えました。提示する内容は、文法の3つの要素を、レベルに応じてかたよりなく提示する必要があります。また、質のよいインプットを提示することが重要です。質のよいインプットとは、文が使われている＿＿＿＿＿＿＿があるもの、学習者のレベルや＿＿＿＿＿＿＿に合ったものです。

　提示するときに使うものとしては、文法用語や例文、会話文（読解文）などの＿＿＿＿＿＿＿、絵や写真などの＿＿＿＿＿＿＿情報、話し手の物事のとらえ方などを示す＿＿＿＿＿＿＿を表す絵図があります。また、提示方法については、推測すること、気づきをうながすことがポイントです。学習者にその文法項目について、いろいろなことを考えさせ、自分でいろいろなことを見つけようとするプロセスのある、「学習者＿＿＿＿＿＿＿タイプ」の授業は、習得を促進させると考えられています。

注

*1：この教材の絵は、本をコピーして使うこともできるが、絵の入ったCD-ROMが付いているので、コンピューター上で加工してオリジナル教材を作成することもできる。「みんなの教材サイト」(https://www.kyozai.jpf.go.jp/) にも、同じように使える絵（イラスト）がある。

4 練習の仕方

　言語知識を知っているだけでは、日本語を使えるようにはなりません。言語知識を知っていることと、それを使って聞いたり読んだり、話したり書いたりできることは同じではないからです。日本語が使える状態になるためには、質のよいインプットとアウトプットの活動、すなわち「練習」をたくさん行うことが重要です。そこで、ここでは、文法にかかわる教育的テクニックの1つである「練習」について、インプットとアウトプットの面から考えます。

4-1. 練習の目的

ふり返りましょう

【質問35】
文法項目「受身」について、まわりの人と、具体的な練習の例を出し合ってみてください。そして、その練習の目的について考えてください。

　どんなタイプの練習が出ましたか。その練習の目的も確認できましたか。ふだん教室でよく行っている練習について、なぜその練習をやっているのか、その練習はどんな効果があるのかを考えることは、とても大切なことです。教科書にのっているからとか、先輩の先生がやっているからとか、いつもやることに決まっているからやるのではなく、どんな目的でその練習を行っているのか、どんな効果があるのか、もう一度考えてみましょう。

考えましょう

【質問36】　　　　　　　　　　　　　　→〈解答・解説編へ〉
次の3つの練習の例、練習A、練習B、練習Cをやってみてください。そして、それぞれの練習の目的について考えてください。

練習A

次の動詞の受身形を書いてください。

読む	例）読まれる	見る	
書く		食べる	
言う		そうじする	
ほめる		来る	

練習B

例のように受身文に変えなさい。

例）母は私をしかりました。
　　→私は母にしかられました。

①社長は山田さんを呼びました。
　→_____

②じゃがいもからポテトチップを作ります。
　→_____

練習C

次の文を自然な文に直してください。

①突然先生が私の名前を呼んで、私はびっくりしました。
　→_____

②恋人が私に結婚を申し込みましたが、私は断りました。
　→_____

　練習A〜Cの目的に共通していることは、文法項目「受身」について、形のルール、意味・機能、使い方のルールなどの言語知識がわかったかどうかを、アウトプットさせて確認している練習だということです。文法説明を聞いたり読んだりしたあとに、このような問題に学習者が取り組むことによって、文法説明が理解されたかどうかを、学習者も教師も確かめることができます。

【質問37】
文法説明の次に、練習A〜Cを行ったところ、学習者が正しく答えることができませんでした。次に何をしますか。

　学習者が、文法知識の理解の確認練習に答えられなかった場合、学習者の理解や文法の知識が不十分である可能性があるので、教師はもう一度文法説明をする必要を感じるでしょう。その場合、ただ、くわしい説明をするだけでなく、なぜ答えられないのか、学習者の状態をよく観察して、何をするべきか考えましょう。たとえば、練習AとBに答えられない場合は、形のルールとその意味の理解が不十分か、そのルールを完全には覚えていない可能性があります。練習Cに答えられない場合は、使い方のルールの知識が不足している可能性があります。

　また、文法項目のルールは理解できていても、そのルールを使って自分でアウトプットすることができない場合もあるでしょう。したがって、この段階で、練習A〜Cのような練習ができないからといって、文法説明をくり返すことだけに力を入れる必要はありません。特に、難しい文法ルールの場合には、文法の説明に時間をかけても効果が見られないという報告もあります。

　さらに、もし学習者が練習A〜Cに正しく答えられても、実際の場面で、「受身」を使って、話したり書いたりできるとも限りません。このような練習ばかりでは、言語知識は得られても、実際の運用がなかなかできるようにならない可能性があります。

　そこで、教師は、「文法説明」とその理解の確認練習だけに力を注ぐのではなく、次のような練習を設定することが必要となってきます。

①インプット理解の練習：文法項目を含む文や話を、聞いたり読んだりして、その意味を理解する練習
②アウトプット練習　　：文法項目を使って、話したり書いたりする練習

　第2章で「なぜ使えるようにならないのか」を考え、確認したように、文法ルールを提示したあとに必要なことは、学習者に文脈・場面のある自然なインプットを豊富に与えることです。

　では、まず、インプット理解の練習を具体的に考えていきましょう。

4-2. インプット理解の練習

(1) インプット理解の練習とは

インプット理解の練習は、具体的にどのようなものがあるでしょうか。文法項目「受身」を例に考えてみましょう。

考えましょう

【質問38】　　　　　　　　　　　　　　　　　→〈解答・解説編へ〉

次の練習Dは、インプット理解の練習です。【質問36】の練習A〜Cと比べて、何が違いますか。

練習D

つぎの文を読んで、質問に答えましょう。

> 今日は9月15日、「敬老の日」です。今年100歳のおじいさん、おばあさんにお話をお聞きしました。
> 　　　　　　　　　　　　　　　　　　　　　　　アナウンサー

川上ヒロヤス

　6歳の時に父と母に連れられて、船に乗ったんです。何日も船に乗って、ある朝早く、母に起こされました。そこはアメリカでした。すぐに小学校に入ったんですが、はじめは英語で名前を聞かれても、答えられませんでした。半年もたつと、先生のことばがだいたいわかるようになりました。友だちには「ヒーロー」や「ヒロ」と呼ばれていました。でも、おとなになってからはたいへんでした。アジア人がいじめられるようになったんです。そして、戦争の時がいちばんたいへんでしたね。日本人用のキャンプに入れられたんですが、すぐに、子どもが病気になって、15歳で死なれました。かなしかったですよ。でも、戦後、妻と作った日本語新聞が、カリフォルニアに住んでいる日本人の80％に読まれるようになりました。今は、しあわせですね。

(1) 例のように、「受身形」の動詞に下線をひきましょう。
(2) 川上さんの話について、文を完成しましょう。
　①船の中で、（　　　　）が私を起こしました。

47

②（　　　）が（　　　）を「ヒーロー」と呼びました。
③死んだのは、（　　　　　）です。
④川上さんの日本語新聞は、（　　　　　　　　　）が読んでいます。

足立章子ほか（2002）『文法が弱いあなたへ』pp.80-81（凡人社）を利用

　この練習は、「読む」活動によって、インプットを与えている練習です。練習A～Cと比べると、次の点が異なります。
・練習A～Cは、受身の形と一文での例文による練習だが、この練習は、受身が含まれているまとまった内容のある文章をあつかっている。つまり文脈・場面のある質のよいインプットを与えることになる。
・質問(1)では、学習者に受身形を見つけて下線を引かせることによって、学習者の注意をその言語形式に向けさせている。つまり、学習者の気づきをうながす活動を取り込んでいる。
・練習A～Cは、一文の例文の理解を、受身形をアウトプットさせることによって確認しているが、この質問(2)は、受身形をアウトプットさせずに、本文の内容についての理解を確認する問題になっている。
　インプット理解の練習では、文法項目が含まれている文や話全体の意味内容を、学習者が理解することが最も重要です。与えたインプットを学習者が正しく理解しているかどうかを確かめる方法について、具体的に見てみましょう。

【質問39】
次の練習Eは、テープを聞きながら問題に答えるインプット理解の練習です。どのような特徴がありますか。

練習E

だれがしましたか。その人に○を書いてください。
例1)　（　○　）サリー　　　（　　）先生
例2)　（　　）サリー　　　（　○　）先生
練習 1.　（　　）サリー　　　（　　）先生
　　　2.　（　　）サリー　　　（　　）すずき
　　　3.　（　　）サリー　　　（　　）子ども

（以下略）

<音声テープスクリプト>

例1) だれが呼びましたか。

　　　サリーさんは先生を呼びました。

例2) だれが呼びましたか。

　　　サリーさんは先生に呼ばれました。

練習 1. だれがほめましたか。

　　　サリーさんは先生にほめられました。

　　2. だれがさそいましたか。

　　　サリーさんは鈴木さんにさそわれました。

　　3. だれがしかりましたか。

　　　サリーさんは子どもをしかりました。

小林典子ほか（1995）『わくわく文法リスニング99』p.129（凡人社）を利用

　この練習は、受身形が使われている文や使われていない文を聞かせて、その意味内容が理解できているかどうかの質問に答えさせるものです。自然なスピードで文を聞かせてすぐに答えさせるので、ゆっくり考えている時間はありません。実際のコミュニケーションでは、相手の話を聞いて、すぐに意味を理解する必要がありますので、実際の状況に近い練習ができるという特徴があります。

【質問40】

次の練習Fと練習Gは、授受表現（やりもらい）の練習です。この2つの練習を、インプットの理解の面から比べてみてください。学習者の、インプット内容の意味を考えるプロセスが重視されているのは、どちらでしょう。

練習F

例にならって文を変えなさい。

例) 山田さんはサリーさんに時計をもらいました。（→あげる）

　　→サリーさんは、山田さんに時計をあげました。

(1) 山田さんはサリーさんに切手をもらいました。（→あげる）

　　→＿＿＿＿＿＿＿＿＿＿＿＿＿＿＿＿

（以下略）

練習G

テープ（教師の声）を聞いて、（　）に←か→を書いてください。
例1）　山田　　　　　（ ← ）サリー
例2）　（わたし）　　（ → ）ともだち
練習1．（わたし）　　（　）サリー
　　2．サリー　　　　（　）ともだち
　　3．山田　　　　　（　）ともだち

（以下略）

＜音声テープまたは教師が読み上げるスクリプト＞
例1）　山田さんはサリーさんに時計をもらいました。
例2）　友だちに時計をあげました。
練習1．サリーさんにプレゼントをあげました。
　　2．サリーさんは友だちに手紙をもらいました。
　　3．山田さんは友だちに切手をあげました。

小林典子ほか（1995）『わくわく文法リスニング99』p.17, 69（凡人社）を利用

　練習Fは、授受表現を提示したあと、口頭練習や書かせる変換練習としてよく行われるものです。この練習では、山田さんとサリーさんの部分を入れ替えて、「もらう」と「あげる」を入れ替えれば練習の答えになります。したがって、学習者が本当に意味を理解していなくても、文法の要素のうちの形だけに注目して、形だけを整えて答えを出すことができてしまいます。つまり、読んだり聞いたりした内容の意味を考え、理解する過程を、学習者が行わない可能性があります。

　一方、練習Gは、実際のコミュニケーションと同じスピードで、聞いたことを理解して、その理解を記号（→）で示す練習です。内容を理解しないと、答えることができません。インプット内容の意味を理解させるプロセスのある練習です。

　このように、インプット理解の練習では、与えられたインプットの意味を理解することに重点が置かれるので、学習者には、理解した意味に何らかの形で反応を示すようにさせる必要があります。その際、必ずしも、文法項目を使って書いたり話したりして反応する、つまりアウトプットを求める必要はありません。意味を理解するプロセスに焦点を当てる場合は、学習者がインプットを正しく理解したかどう

かを、アウトプットを伴わないで反応させてみることも重要です。それにはどんな方法があるのか考えてみましょう。

(2) インプット理解を確かめる方法

考えましょう

【質問41】
練習Hは、絵を見て文を完成させるというアウトプットの活動です。この活動を、アウトプットを伴わずに、インプットの理解ができたかどうか確かめる練習にするには、どのような方法があるでしょうか。

練習H

文法項目：～ところです

1. 髪を ＿＿＿＿＿＿＿＿＿＿＿＿ です。

2. 髪を ＿＿＿＿＿＿＿＿＿＿＿＿ です。

3. 髪を ＿＿＿＿＿＿＿＿＿＿＿＿ です。

足立章子ほか（2004）『絵で導入・絵で練習』p.74, 120（凡人社）を利用

　練習Hのように、絵を見て文を完成させる（書かせる、話させる）のではなく、提示する文法項目を含む例文を全文示しておいて、例文に合う絵を選ばせることで、文の意味を理解しているかどうかを確かめることができます。

例文とそれに合う絵を選ぶ方法(マッチング)には、教師が例文を読みあげて、学習者がその例文の内容を表している絵を選ぶ方法や、次の練習Ⅰのように、学習者が例文を読んで意味を考え、それに合う絵と例文を線で結んだり、記号で答えたりする方法などがあります。

練習Ⅰ

例)
1. 髪を切ったところです。
2. 髪を切るところです。
3. 髪を切っているところです。

足立章子ほか(2004)『絵で導入・絵で練習』p.74, 120(凡人社)を利用

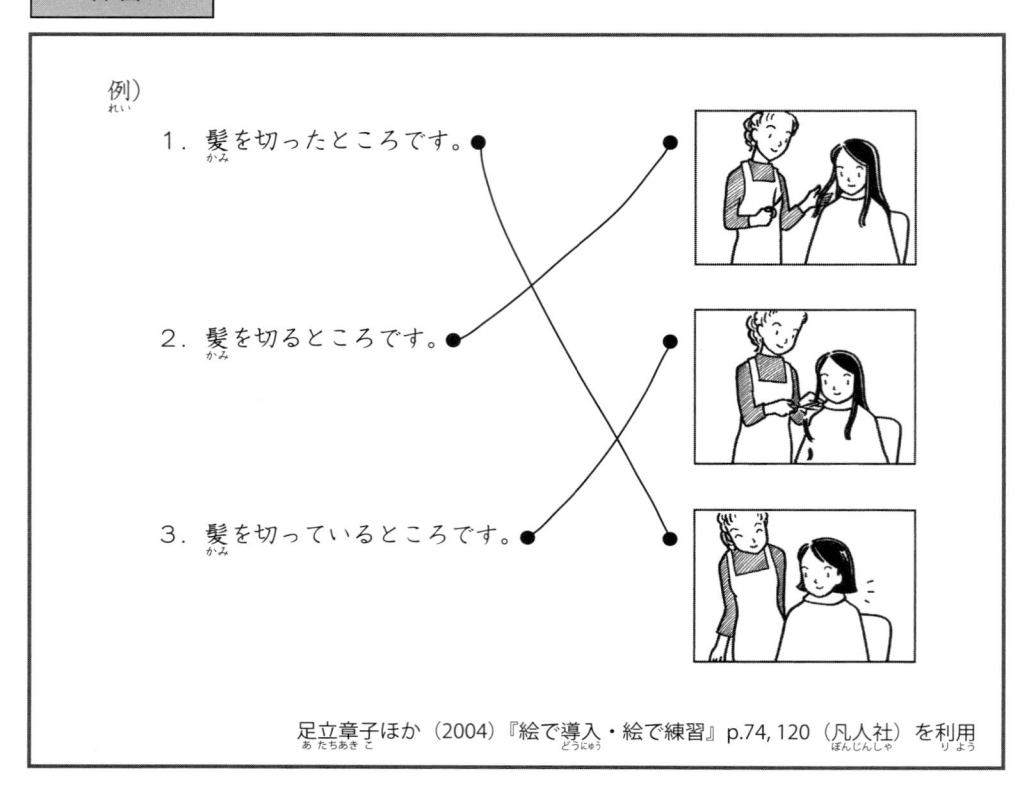

このように、教師が練習のやり方に工夫を加えることで、インプット理解に焦点を当てた練習をすることができます。アウトプットさせることで理解の確認をしている文法の練習問題集は、比較的多く見られますが、インプット理解に焦点の当たっているものは、あまり多くありません。そこで、教師は、文法を提示したあとに、インプットをたくさん与えて、その理解を確かめる練習を十分に行うよう心がけましょう。

そのほかにも、インプット理解を確かめる練習の方法として、教師が学習者に文法項目の含まれている質問をし、その反応を次の練習Jのような指示で確かめるというやり方もあります。

練習J

文法項目：〜たことがあります

「あります」の人は手をあげてください（立ってください）。

例文1「テストで100点をとったことがあります。」
例文2「誕生日に、バラの花をもらったことがあります。」
例文3「日本の映画を見たことがあります。」

文法項目：〜ことができます

「できます」の人は○、「できません」の人は×を書いてください。

例文1「車の運転をすることができます。」
例文2「おにぎりを作ることができます。」
例文3「朝早く、起きることができます。」

【質問42】 →〈解答・解説編へ〉

練習Jのように、いろいろな文法項目で、教師が質問する例文を作ってみてください。

TPR／全身反応法（Total Physical Response）という教授法(*1)があります。教師が日本語で指示を出し、学習者はそれに反応して、その指示の通りに行動することによって、言語を学んでいく方法です。この要領で、次の練習Kのようにインプット理解の練習をすることができます。学習者は、文法項目を含む教師の指示を聞いて、その意味を理解したうえで動作をしてみせるので、指示通りに行動できたかどうかの反応で、理解しているかどうかが判断できます。

練習K

「は」と「が」の使い分けを整理する文法ルールの1つに、「従属節（連体修飾）の中だけの主語は『が』である」（例文：「私**が**話すとき、まちがっていたら直してください。」）というルールがあります。そのルールを学んだあと、教師がその文法項目を含む例文を聞かせます。学習者は、聞いた内容を理解して、その指示の通り行動します。

＜例文＞
① クラスのみんなは、先生が並べたお菓子の中から好きなものを取ります。
② クラスのみんなは、自分のお菓子と、となりの人が持っているお菓子を交換します。
③ ＿＿＿＿ さんは、＿＿＿＿ さんが持っているペンを借ります。
④ ＿＿＿＿ さんが席を立ったら、＿＿＿＿ さんも立ちます。

いくつか具体的な練習を見てきましたが、文法項目のインプット理解の練習のリソースとして、いろいろな聴解・読解教材が参考になります。『わくわく文法リスニング99』は、文法項目ごとに独立した練習となっていますが、聴解・読解教材の多くは、トピックや伝えたいメッセージ（内容）に焦点を当てて作られているため、文法項目を中心に作られているものはあまり多くありません。文法シラバスの総合教科書の付属教材（『みんなの日本語』の付属聴解教材『聴解タスク25』『初級で読めるトピック25』、『文化初級日本語』の付属教材『楽しく聞こう』など）は、目次などから練習したい文法項目をさがし、インプット理解の練習として使うことができます。

また、『教師と学習者のための日本語文型辞典』『どんな時どう使う日本語表現文型辞典』などは、文法項目ごとに例文がたくさんのっています。その例文を学習者に読ませたり、教師が読んで聞かせたりして、インプットを与える方法もあります。

その際、一文だけの例文や、1回のやりとり（ターン）の対話例だけだと、場面（だれがだれにどのような目的で話すときの文かなど）の理解が難しくなります。文脈・場面の理解とともに例文の意味を考えさせるには、なるべくやりとりの回数の多い会話例を、絵などの視覚情報と同時に提示して、その意味の理解を確認すると効果的です。たとえば次のような例です。

文法項目：～ようだ（～みたいだ）

A：肉は焼けたかしら。

B：もう少しですね。

（しばらくして）

B：ああ、焼けたようですね。

A：いい色ですね。おいしそう……。

　皆さん、肉が焼けましたから、こちらに来てください。

市川保子（2005）『初級日本語文法と教え方のポイント』p.131（スリーエーネットワーク）

この絵と会話例は、オーブンの中の肉の様子を見ながら、肉が焼けたかどうかの話をしている場面です。「焼けたようです」を使うのは、目で見たこと（肉の色）、におい、時間の経過（会話例の中の「しばらくして」）などの話し手の感覚から判断した場合であることがわかります。

【質問43】　　　　　　　　　　　　　　　　　　　→〈解答・解説編へ〉
次の会話を読んだり聞いたりしたあと、その内容を理解したかどうか、どのように確かめますか。

文法項目：受身

A：もしもし、警察ですか。
B：はい、警察です。
A：あの、5丁目の山田ですけど、
　　空巣に入られたみたいなんです。
B：何かとられましたか。
A：引き出しの中のお金がなくなっています。

市川保子（2005）『初級日本語文法と教え方のポイント』p.265（スリーエーネットワーク）

4-3. アウトプット練習

　アウトプット練習は、学習者が文法項目を使って、話したり書いたりする練習です。

(1) アウトプット練習の役割

ふり返りましょう

【質問44】
ふだんの授業でよく行っているアウトプット練習を紹介し合ってください。そして、学習者にアウトプットさせることは、なぜ必要なのか、どんな効果があるのかについて、自分の外国語学習の体験なども思い出しながら話し合ってください。

聞いたり読んだりしているだけでは、自分が日本語を使えるかどうかはわかりませんが、アウトプット練習をすると、自分ができることとできないことがわかります。そして、日本語でコミュニケーションできる喜びを味わったり、なかなか伝わらなくて、自分の能力（運用力・中間言語知識）の限界や不正確さに気づいたりするきっかけにもなります。

　アウトプット練習（文法項目を使って話したり書いたりする練習）には、さまざまな意義や目的がありますが、ここでは、文法を教えるという観点から、アウトプット練習の役割として次の3点をあげたいと思います。
　1）言語知識の自動化と記憶の強化
　2）自分の言語知識（文法の知識）の正しさの確認と修正
　3）文法学習への動機づけ

　まず、「自動化」とは、はじめは意識的に学習されたものが、何度もくり返し練習されることによって、注意を払わなくても自動的に使えるようになることです。たとえば、ピアノがひけるようになったり、車の運転ができるようになったりするプロセスと同じで、はじめは1つ1つ意識して行っていたことでも、何度もくり返すことにより、考えないで自動的にできるようになります。言語習得でも、アウトプットをくり返すことによって、文法ルールを意識せずに、すばやく言ったり書いたりできるようになります。これは、実際に言語を使って、コミュニケーションするためには必要な能力です。また、何度もくり返すことは、記憶に残り、忘れにくくすることにもつながります。

　次に、2つ目の役割についてですが、学習者はアウトプットする際、相手（聞いている人や読んでいる人）から、反応を得ます。その反応によって、自分の言ったことが伝わったかどうか、正しかったのかどうかを確かめることができます。また、正しくなかった場合、教師や聞き手から訂正されることなどによって、中間言語知識を修正することが可能になります。

　3点目にあげた文法学習への動機づけですが、アウトプット練習は、「言いたいのにうまく言えない」「言ってみたけど、正しいのかな？」「私が言いたいことが伝わったかな？」といった気持ちを持つきっかけとなります。学習者のこのような気持ちは、自分の文法（中間言語知識）を確かなものにしたい、自分の知らない文法や表現を知りたいという学習動機になります。特に、コミュニケーション上の目的（さそいたい、お願いしたいなど）があるアウトプット練習などは、自分の意思を

伝えたい、話したいという気持ちを学習者が実感しやすく、動機が高まるでしょう。
　では、文法を教えるという観点から、どのようなアウトプット練習を行えばいいのでしょうか。そして、その際、どのような点に気をつければいいのでしょうか。考えてみましょう。

(2) ドリル練習

　形を正確に覚え、すぐに反応して言えるようになるためには、何度もくり返して言ったり書いたりする練習が必要です。アウトプット練習のうち、活用などのルールをすばやく当てはめて、文や短い会話などをたくさん練習するのが**ドリル練習**です。ドリル練習は、たくさんアウトプットすることで記憶を強化し、言語知識の自動化をうながす効果があります。教師の言ったことをくり返して言う反復練習 (repetition drill)、教師が指示したキュー（cue）を入れて言う代入練習 (substitution drill)、教師の指示した形に直して言う変換練習 (transformation drill) などの文型練習もドリル練習です。短い文をリズムよくたくさん言う練習は、発音上の口慣らしにもなります。

考えましょう

【質問45】
ドリル練習に取り組む学習者の気持ちについて、考えてみましょう。ドリル練習をやっているとき、学習者はどんな気持ちでしょうか。

　ドリル練習は、単純なパターンを、短い文でアウトプットすることが多いので、自信がない学習者にとっては、アウトプットするときの心理的負担が少なくてすみます。しかし、単調なくり返しの練習を何度も行っていると、学習者が練習にあきてくる可能性があります。つまらないという気持ちでやっていると、あまり印象に残らず忘れてしまうことも多いでしょう。そこで、ドリル練習にあきない工夫をすることが、教師の大事な仕事になります。くり返しの練習でも、少しの工夫を加えることで、楽しい練習となります。
　次のような教室活動集には、いろいろな工夫を加えた楽しい練習が紹介されています。
　『クラス活動集101』（スリーエーネットワーク）
　『続・クラス活動集131』（スリーエーネットワーク）

『楽しく話そう』（凡人社）

『日本語コミュニケーションゲーム80』（The Japan Times）

『初級日本語ドリルとしてのゲーム教材50』（アルク）

『おたすけタスク』（くろしお出版）

『教科書を作ろう　れんしゅう編』（国際交流基金）

『児童・生徒のための日本語わいわい活動集』（スリーエーネットワーク）

これらの活動集であつかわれている練習について、考えてみましょう。

【質問46】

文型練習の例である練習Lと練習Mを、練習の目的や効果の点から比べてみてください。どんな特徴がありますか。

練習L

教師がキューを出し、学習者は「〜てあります」を使って答える。
　　キュー：そうじをする　　（→そうじがしてあります。）
　　キュー：グラスを出す　　（→グラスが出してあります。）
　　キュー：花をかざる　　　（→花がかざってあります。）

練習M

〜てある　　ペア

文型　　　：掃除はしてありますか。
ゴール　　：パーティの準備で、まだできていないことを探す
活動の種類：ペア［Q & A］
用意するもの：タスクシート1(A・B)、2(A・B)（ペア数分）

手　順

1. タスクシート1をペア数分用意し、切り離す。
2. 学習者をペアにして、一方にタスクシートAを、もう一方にBを配る。シートはお互いに見せないようにする。
3. Aはタスクシートの絵を見ながら、「〜てありますか」を用いてBに質問し、まだ準備できていないことを探す。

例　A：Bさん、掃除はしてありますか。
　　B：はい、してあります。（Aは自分のタスクシートの1の欄に○をつける）
　　A：グラスは出してありますか。
　　B：いいえ、まだです。（2の欄に×をつける）

3. 終了したら、タスクシート2を用い、役割を替えて同様の活動を行う。
4. 最後にクラス全体で確認をする。

例　T：どんな準備がしてありましたか。
　　B：掃除がしてありました。

アドバイス

- パーティの準備に必要な語句（特に動詞）は、あらかじめ導入しておくこと。
- 否定の場合、「まだ～てありません」という答え方は不自然になる。その代わりに「いいえ、まだです」という表現を導入しておくとよい。
- 結婚記念日や友達の誕生日のためにパーティを行うという状況を設定して始めると盛り上がる。

語句

タスクシート1
① そうじをする
② グラスを出す
③ ゲームを用意する／準備する
④ おかしを並べる／出す
⑤ 花を飾る／生ける
⑥ スプーンとフォークを出す

タスクシート2
① ビールを冷やす／冷蔵庫に入れる
② ケーキを作る
③ ワインを買う
④ アイスクリームを買う／冷凍庫に入れる
⑤ 料理を作る
⑥ 果物を切る

▶タスクシート1

砂川有里子（監）（2008）『おたすけタスク　初級日本語クラスのための文型別タスク集』pp.106-107
（くろしお出版）

　練習Lでは、学習者は、教師の出す指示にしたがって形を変換させて口に出し、場合によっては、文の意味の理解をしなくても言えてしまいます。「そうじがしてあります」の意味がわからないまま、口を動かして音だけ出している状態の学習者もいるかもしれません。それでは、実際に学習者が自分の言語知識を使ってアウトプットしていることにはなりません。

それに対して練習Mは、絵を使うことで、形と意味の結びつきを考えなければ答えられない練習になっており、学習者は、形と意味などの文法の知識を使って文を作ります。また、パーティーの場面という場面設定があり、より実際の場面での使用も意識できます。さらに、親しみやすい絵が使われている点、教師対学習者ではなく、学習者同士のペアで行う点、情報差がある点など、楽しさを感じさせる要素も入っています。このように、実際の場面と結びついていたり、楽しい要素が入っているほうが、くり返し練習するうえで、学習者にとって印象深く、記憶に残りやすくなるでしょう。

【質問47】

練習Nについて考えてみましょう。学習する文法項目は、「～てもらいたい」「～てほしい」「～てください」などの聞き手へ要求を述べる表現です。どんな点が、工夫されていますか。

練習N　「妻の言い分・夫の言い分」

```
<手順>
1) クラスを二分し、夫側と妻側に分ける。
2) 情報シートの絵を渡す。それぞれ夫側と妻側の要求を考える。3分程度の作戦タイムを与える。
3) 各グループ1人ずつ、交互に要求を出していく。
4) 要求が早く終わったほうが負け。
```

要求例：

妻側	夫側
たばこを吸わないでもらいたい。	毎日ご飯を作ってもらいたい。
手伝ってもらいたい。	うちを掃除してもらいたい。

情報シート

高橋美和子ほか（1994）『クラス活動集101』pp.160-161（スリーエーネットワーク）を利用

絵を見ているだけでも楽しくなるような練習ですね。「お互いに文句を言う」という文脈・場面のある練習で、自分の家族を思い出しながらやったり、グループで文句を競争したりするので、とても盛り上がります。単調な文型の練習とは違って、学習者は練習を楽しむことができます。

　このように、ドリル練習は、楽しい要素を加えることによって、学習者があきずに取り組め、印象深い練習になるので、覚えることを助ける効果もあります。
　ではここで、練習における楽しさという要素について、もう少し考えてみましょう。
　日本語学習において、動詞の活用のルールを覚えていろいろな形を作れるようになることは、初級の文法学習の大きな目標の1つです。しかし、形の作り方のルールが複雑なものは、くり返し何度も練習する必要があります。同じような方法で練習するのではなく、楽しみながら取り組める工夫をしてみましょう。

【質問48】
次の活動を実際にやって、どんな点が楽しい要素になるのか、考えてみてください。

練習O　　「られるリレー」

＜手順＞
1) 3つか4つのグループに分かれる。
2) 各グループで順番を決め、1番になった学習者がチョークを持つ。
3) 1番の学習者は「スタート」の合図で前に出て、黒板に動詞の辞書形を1つ書く。書いたらすぐにチョークを2番目の生徒に渡す。
4) 2番目の生徒は、黒板に書かれている動詞のとなりに可能形を書く。それから、最初の辞書形の下に、別の動詞の辞書形を1つ書いて、チョークを次の学習者に渡す。
5) 4)を繰り返す。
6) 教師は適当な時間を決めてやめるように言う。
7) みんなで黒板に書かれた動詞が正しいかどうか確認する。

国際交流基金（2002）『教科書を作ろう（改訂版）れんしゅう編2』14-1、「みんなの教材サイト」
（https://www.kyozai.jpf.go.jp/）を利用

人が楽しいと感じる要素は、いろいろあります。この練習には、次のような要素が入っています。

- 覚えた知識を使う
- 体を動かす
- 黒板に出て書く
- 競争する
- チームで協力する　　など

　このような要素を加えるために、だれでも知っているようなゲームや遊びを応用することもできます。次の練習Ｐは「ビンゴ」を応用したものです。

練習Ｐ　　動詞の活用形のビンゴ

＜手順＞

1) 教師は黒板に、学習者が学習した動詞を９つ以上書きます。このとき、マス形か辞書形で書くようにします。
2) 学習者は1) の動詞から９つ選んで、好きなます目に書きます。

たべます	よみます	つくります
はなします	おきます	べんきょうします
たちます	あるきます	およぎます

3) 教師は動詞のテ形を言います。学習者はテ形を聞いて、ます目の中からその動詞を探して○をつけます。
4) 縦、横、斜めのどこか１列に○が３つ並んだら「ビンゴ」といいます。
5) 「ビンゴ」と言った人は並んだ動詞のテ形を言います。正しく、一番早く「ビンゴ」と言った人が勝ちです。

国際交流基金（2005）「授業のヒント　すぐに使える言語ゲーム」『日本語教育通信』53号（国際交流基金）を利用

だれでも知っているゲームや遊びは、学習者も慣れているので、やり方の説明がしやすく、学習者も取り組みやすいです。このような簡単にできるゲームについては、『日本語教育通信』「授業のヒント」のウェブサイトでも紹介されています。留意点なども書いてありますので、参考にしてください。(国際交流基金日本語国際センターのホームページからも入れます。)

『日本語教育通信』「授業のヒント」：すぐに使える言語ゲーム（2005年9月）

　　https://www.jpf.go.jp/j/project/japanese/teach/tsushin/hint/pdf/nk53_06-07.pdf

　　（2021年2月22日参照）

『日本語教育通信』

　　https://www.jpf.go.jp/j/project/japanese/teach/tsushin/　（2021年2月22日参照）

ルールに基づいて、活用形のアウトプット練習をするには、まずそのルール自体も覚える必要があります。活用形のルールのうち、「テ形」を作るルールは複雑なので、そのルールを覚えるのが大変ですね。テ形の作り方の複雑なルールを覚えるために、少しでも楽しく取り組めるような工夫として、テ形のルールを歌にして覚えさせるという方法があります。

| 練習 Q | 動詞の「テ形」のルールを覚える歌 |

オーストラリアの先生から紹介された「テ form の歌」というものがあります。「雪山讃歌（"Oh, My Clementine"）」の原曲は、「Oh, my darling, Oh, my darling,」で始まりますが、それを替え歌にして、次のような歌詞をつけて歌います。活用表のマス形の黒い部分をたてに読んでいくと、1番の歌詞に、辞書形の黒い部分をたてに読んでいくと2番の歌詞になります。

♪♪ 「雪山讃歌（"Oh, My Clementine"）」 (*2) ♪♪のメロディーで

Oh, my students, Oh, my students,
テ is such a crazy form
If you remember only group one
You will never go wrong

```
1番  いちりーって           2番  うつるーって
    びみにーんで               ぶむぬーんで
    きーいて                   くーいて
    ぎーいで                   ぐーいで
    はなしますーはなして      はなす（は）ーはなして
    いきますーいって          いく（は）ーいって
```

マス形		テ形	辞書形	その他の動詞
買**い**ます	**って**	かって	か**う**	洗います
立**ち**ます		たって	た**つ**	待ちます
乗**り**ます		のって	の**る**	降ります
飛**び**ます	**んで**	とんで	と**ぶ**	遊びます
飲**み**ます		のんで	の**む**	休みます
死**に**ます		しんで	し**ぬ**	──
書**き**ます	**いて**	かいて	か**く**	聞きます
泳**ぎ**ます	**いで**	およいで	およ**ぐ**	急ぎます
話**し**ます	**して**	はなして	はな**す**	貸します
行**き**ます	**いって**	いって	い**く**	（例外）

テ形の活用表

次は、韓国の先生から紹介された辞書形からテ形を作る替え歌です。「むすんでひらいて」のメロディーを使います。

♪♪「むすんでひらいて」(*2) ♪♪のメロディーで

```
五段動詞  つるうって
ぬぶむんで  くはいて
ぐはいで  するはして
一段動詞  るとって
するはして、くるはきて
行くは例外、行ってです
```

このように、学習者が知っているメロディーで替え歌にすることで、楽しく学習でき、そして覚えやすくなるでしょう。

(3) タスク練習

　学習者が実際に使えるようになるには、文や短い会話でのアウトプットであるドリル練習だけでは十分ではありません。実際の場面に近い状況で、相手との自然なコミュニケーション活動を通して、与えられた課題や目的を達成するアウトプット練習をする必要があります。実際の場面に近い状況でのアウトプット練習というのは、①意味内容の伝達が活動の中心である、②自然な会話の流れの中で、何らかのコミュニケーション上の目的を達成する、③話し手と聞き手の間に情報の差がある、④言うことを自分で決めて言語を使う、⑤相手の反応を見ながら会話を進める、といった要素が含まれた活動です。ここでは、それを、「**タスク練習**」と呼びます。タスク練習では、学習者はそれまでに身につけた言語知識を総合的に使うことが求められ、さまざまな項目を使う機会になるので、記憶の強化にもなります。また、談話を構成したり、言語的に行きづまったときに、いろいろなストラテジーを使って、それを切り抜けたりする練習としての意義もあります。

　さらに、タスク練習は、「言いたいのに、うまく言えない…」「言ってみたけど、正しいのかな…？」「私が言いたいことが伝わったかな…？」「そう言えばいいんだ」などの思いを、学習者が体験するという点で重要です。相手にメッセージを伝えたい、相手とうまくコミュニケーションしたいという気持ちで練習に取り組み、うまくいったときには喜びを味わい、うまくできなかったときには、自分の言語能力の限界に気づき、できるようになりたいと思うでしょう。

考えましょう

【質問49】

教室でタスク練習をしたとき、言おうとして言えなかった経験があると、学習者にとって、さまざまな気づきが起こります。どんな気づきが起こるでしょうか。

　教室では、教師による誤用訂正や、モデルとなる例を提示されることが多く、学習者は、自分のアウトプットとインプットを比べることによって、その違いに気づき、中間言語知識が修正されるチャンスとなります。また、言えなかった経験があると、その後、学習者がインプットを受けたときに、教室の中でも外でも、正しいルールや表現にいっそう注意が向き、「そう言えばいいんだ」という気づきにつながります。

このように、さまざまな気づきのきっかけとなる「タスク練習」ですが、その代表的なものが、ロールプレイです。ロールプレイは、決められた状況や場面で、学習者がある役割になって、自分で表現を選んでコミュニケーションする練習です（*3）。ここでは、文法を教える観点から、ロールプレイのやり方について考えてみましょう。

ふり返りましょう

【質問50】
みなさんは、ロールプレイを授業で行う場合、どのような流れで練習をしていますか。具体的なロールプレイを思い出して、授業の流れを紹介し合いましょう。

　ロールプレイは、いろいろなやり方があります。表現やモデル会話を練習してから、モデル会話の一部の表現を入れ替えたり、ほとんど会話文を暗記して発表するようなやり方もあります。その場合の練習効果は、「ドリル練習」に近くなるでしょう。また、ロールプレイを行うとき、文型や表現を練習し、そのまま引き続きロールプレイの課題をする練習方法があります。たとえば、「～ませんか」「～はちょっと…」などの表現を練習して、そのあとに「さそう」タスクのロールプレイをする場合などですが、学習者は、ロールプレイで「～ませんか」を使えばいいということがわかっています。このような流れでは、自分の持っている言語知識の中から、その場にふさわしい、どの文法項目や表現をとり出して使えばよいのかを自分で考えて、適切にアウトプットする訓練（練習）にはなりません。文法の知識を使って話したり書いたりできるようになるためには、コミュニケーションの場面が設定されている状態で、学習者が自分でそのタスクに必要な文法項目を選んで使ってみる練習をする必要があります。したがって、ロールプレイも、使うべき文法項目や表現が示されていない状態で取り組むことによって、現実のコミュニケーションに近い練習となります。

やってみましょう

【質問51】
次の練習Rは、どんな文法項目を使う練習でしょうか。

練習R　ロールプレイ

ロールカードA

　明日はルンさんの誕生日なので、Bさんのうちで、ルンさんの誕生会をすることにしています。できるだけ誕生会を楽しくしたいと思っています。Bさんに電話をかけて、準備状況を確認してください。Bさんがまだやっていないことがあれば、手伝ってください。

● 食べ物や飲み物の準備
● _____
● _____

ロールカードB

　明日はルンさんの誕生日なので、あなたのうちで、ルンさんの誕生会をすることにしています。Aさんから電話がきて、準備状況について聞かれます。準備できていることを具体的に伝え、それでいいかどうかAさんに確認してください。また、まだやっていないことを伝えて、Aさんにお願いしてください。

● 準備OK
　　　おにぎり　　サンドイッチ　　ビール　　お茶　　クッキー
● 準備まだ
　　　ケーキ　_____　_____
● その他

　この練習Rは、文法項目「〜ている」「〜てある」「〜ておく」の使い分けに焦点を当てて、ロールプレイ形式で練習するタスク練習です。練習Mでは、「〜ている」「〜てある」を使うことが、練習の説明にも示されていましたが、このロールプレイでは、使うべき文法項目が示されていません。パーティーの準備に関する情報の伝達が活動の中心で、話し手と聞き手の情報差もあり、本当の会話をしている気分になれます。

　このように、ある程度学習が進んだ初級後半以降では、使うべき文法項目や表現が示されていない状態で、タスク練習をしてみましょう。5〜10課程度進んだところで、それまでの文法項目を総復習するようなロールプレイを行うのも、その方法の1つです。

考えましょう

【質問52】
学習者に、使うべき文法項目を指定せずにロールプレイをさせると、学習者が、練習させたい文法項目を使わないで課題を達成する場合があります。その場合、どのような指導をすればよいでしょうか。

　必ずしも、教師が練習させたい文法項目を使わなくとも、ロールプレイの課題は達成されている場合があります。たとえば、練習Rの場合、パーティーの準備として、「～（は）買ってあります」ではなく、「～の買い物は、もうすみました」というように、違う表現を使うことも可能です。もし、教師が想定した文法項目を使わずに、異なる表現を使っていたとしても、課題が達成されていれば、ロールプレイとしては成功です。しかし、文法の練習としては、どんな文法項目がふさわしいか、学習者自身が気づくよう指導することも大切です。
　学習者が、自分のアウトプットとモデルとなるインプットを、並べて比較することができれば、学習者に多くの気づきが起こるきっかけとなります。それには、ロールプレイのあとに、モデル会話を聞かせたり読ませたりして、学習者が自分のアウトプットと比較できるように準備しましょう。会話の音声は、消えてなくなってしまうので、学習者のアウトプットを録音したり録画したりする準備も必要です。

　次に、「書く」ことによってアウトプットする練習について考えてみましょう。

【質問53】
次の練習Sの①～③は、「書く」活動です。実際のコミュニケーションに近い状況は、どの活動でしょうか。

練習S

文法項目：敬語

---
①次の表現を使って、文を作ってください。（いらっしゃる／めしあがる）
　例）明日先生がうちにいらっしゃって、夕食をめしあがる予定です。
---

②次の文の続きを考えて、_____に書いてください。（敬語）

例）この問題がわからなかったので、先生にお聞きしたら、ていねいに教えてくださいました。

③先生に借りた本を返しに研究室に行きましたが、先生はいませんでした。先生には、直接手で渡して返すようにと言われています。そこで、研究室のポストに入れるメッセージを書いてください。

例）

鈴木先生
お借りした本を返しにまいりましたが、先生はいらっしゃいませんでした。また明日まいります。遅くなってしまって申し訳ありません。どうぞよろしくお願いします。　　　　　マネカ

小川誉子美ほか（2003）『日本語文法演習　敬語を中心とした対人関係の表現―待遇表現―』p.91（スリーエーネットワーク）を参考に作成

　実際のコミュニケーションに近い状況の練習は③です。①と②は、学習した文法項目を使って文を作らせるという活動で、いわゆる「短文作成」「文完成」です。文法項目を学習したあと、よく行われる練習ですが、あらかじめ使う文法項目が決められていることが多く、一文を正しく作るための練習にしかなっていません。③のような、現実のコミュニケーション場面を想定して、まとまったメッセージを書く練習まで発展させるとよいでしょう。
　このように、文法項目を、一文でアウトプットさせるのではなく、なるべく文脈・場面のある中で、談話でアウトプットさせることが、文法項目の書く練習においても重要な点となります。

4-4. インプットとアウトプットの両方に焦点を当てた練習

　インプット中心の練習とアウトプット中心の練習を見てきましたが、最後に、インプットとアウトプットの両方に焦点を当てた練習について考えます。

練習T ディクトグロス

ディクトグロス（dictogloss）と呼ばれる方法は、インプットとして与えられた内容（聞いた内容）をできるだけ同じように復元してアウトプットする活動です。次のような手順で行います。

＜手順＞
① 教師は、まとまった文章を、普通のスピードで声に出して2回程度読み上げ、学習者はメモをとりながら聞く。
② 学習者はとったメモや記憶をもとに、ペアまたはグループで話し合いながら、元の文章をなるべく正確に書く。この話し合いは、母語で行ってもよい。
③ 教師は、元の文章を学習者に見せ、学習者は、自分たちが書いた文章と元の文章を比べてみて、確認、修正を行う。
④ 教師は、必要に応じ、文法項目に関する説明を加える。

まとまった文章を用意するポイントは、次の点です。
・学習項目の文法が含まれていること
・短い文章（3～5行）であること
・学習者のレベルに合っていること

このような文章を、日本語教育用教材や、物語、新聞、雑誌などからさがして用意します。適当なものが見つからなかった場合は、教師が作ってもよいでしょう。

このように、ディクトグロスを行うときに、学習者に聞かせる材料は、量やレベルが適切であることが大切です。次のようなクラスでの実践例を参考にしてください。

＜学習者のレベル＞
日本語能力試験2級程度　　ACTFL-OPI 上級―下程度
＜所要時間＞
手順①～④で30分程度

＜聞かせた材料（まとまった文章）＞

　韓国では、豚は縁起がいい動物だ。豚の夢を見ると、お金持ちになるそうだ。子どもをたくさん産むので、繁栄のシンボルにもなっている。
　豚の形の貯金箱があったり、豚の形のアクセサリーをつけたりする。財産として豚の形をした金をタンスにしまっておいたり、母豚がたくさんの子豚に乳をやっている絵を飾っておくこともある。
　韓国へ行くなら、豚の飾り物を見るのもおもしろいかもしれない。
―柳沢有紀夫『アジアのツボ　中国・香港・台湾・韓国』スリーエーネットワーク p.116 に基づく―

名古屋YWCA教材作成グループ『わかって使える日本語』第16課（スリーエーネットワーク）より

＜学習者がとったメモの例＞（手順①）

　かんこく　ぶた　ははぶた　えんきが いい

　　おかねもち　子ども　たくさん　うむ

　　かんこくへ　行くなら

71

<学習者の共同作業で復元した文章と元の文章を見ての修正作業の例>（手順②～③）

```
かんこくでは、ぶたはえんぎがいい どうぶつ
だの夢ると
する。ぶた✓を見る、お金 持ちに
そうだので、はんえいの
なる✓。は、子どもを たくさん うむ✓シンボルにもなっている
豚の形があったり、豚の形の
ぶたの形の ちょきんばこ✓を アクセサリーを
さん つけたりするる。

かんこくへ 行くなら、ぶたの かざりものを見るのも
おもしろいかもしれないです。

財産として 豚の形をした 金をタンスにしまっておいたり、
母豚が たくさんの子豚に 乳をやっている 絵を
飾っておくこともある。
```

これを見ると、学習項目としていた条件表現（〜と、〜ば、〜たら、〜なら）や、助詞、文末表現などの修正が行われていることがわかります。

考えましょう

【質問 54】
この練習は、文法を教える観点からみると、どんな効果が考えられますか。ディクトグロスの手順①～④にそって、考えてみましょう。

手順①は、学習した文法項目を含むインプット理解の練習になります。全文をディクテーションするのではなく、メモをとるという作業は、インプット内容の理解が必要であり、意味・機能にも注目する訓練になります。そして、手順②は、理解した内容をアウトプットすることで、文法ルールを使って「自分のことば」で「話したり書いたりする」練習になります。さらに、手順②と③では、ほかの学習者との話し合いの中や、自分たちが書いた文章と元の文章を比べる過程で、言語形式へ注意が向けられます。

【質問55】　　　　　　　　　　　　　　→〈解答・解説編へ〉

ディクトグロスを、教室での授業だけでは十分時間がとれない場合、次の練習Uのような宿題を含めた活動にすることができます。練習Uの手順①～⑤では、学習者にとって、どんな練習となるでしょうか。

練習U

＜授業前にやる準備＞
① まとまった文章が録音されているテープやCDを用意し、学習者に宿題として渡す。
② 学習者は、自分でテープやCDを3～5回聞く。話の内容、構成に注目しながら、話の大筋をつかむ。そのときに、聞きながら内容のメモをとる。メモは、話の構成やキーワードを少し書く程度とし、決してディクテーション（一字一句の聞き取りと書き起こし）はしないようにする。

＜教室で＞
③ ペアでお互いに聞いた話を、メモをもとにして話す。
④ 全員でテープを聞いたあと、スクリプトを見る。自分が使った文法項目と、スクリプトが同じかどうかを確認する。

＜授業のあとの復習＞
⑤ 配布されたスクリプトを見て、わからなかった語彙などを調べて、新しい語彙を覚える。

練習の仕方―まとめ―

整理しましょう

【質問 56】　　　　　　　　　　　　　　　→〈解答・解説編へ〉

次の文章は、この章で考えたことを整理してまとめたものです。下線部分に適切なことばを入れてください。

　第 4 章では、文法の練習について、文法知識の理解を確認する練習だけでなく、その目的や役割を、第 2 言語習得のメカニズムにも関連させて考え、「＿＿＿＿＿＿＿＿の練習」と、「＿＿＿＿＿＿練習」に分けて、その具体例を見てきました。

　与えられたインプットの意味を理解することに焦点を当てたインプット理解の練習では、理解した意味に何らかの形で反応を示すようにさせる必要があります。その反応は、アウトプットを必ずしも伴う必要はなく、図や絵を使ってマッチングさせたり、個人的な質問に手をあげたり、〇×で答えたり、＿＿＿＿＿＿という、教師の指示の通りに行動する方法などがあることを確認しました。

　また、アウトプット練習では、文法を教える観点からその役割を確認し、ドリル練習、＿＿＿＿＿＿練習などについて、その目的や方法を具体的に見ました。また、楽しさという要素を加える工夫についても考えました。

　最後に、インプットとアウトプットの両方に焦点を当てた活動である、＿＿＿＿＿＿＿＿＿＿を紹介しました。

注

*1：アメリカの心理学者アッシャー（James J. Asher）によって開発された教授法。幼児の母語習得過程を理論的根拠としているので、ナチュラル・メソッドの一方法と考えられている。教師は目標言語で命令し、その動作をしてみせる。学習者は教師の命令通りの動作をしたり、ほかの人が反応したりするのを観察することによって、その意味を理解するようになるとされる。

*2：「雪山賛歌」「むすんでひらいて」のメロディーは、次のウェブサイトなどで聞くことができる。
「なつかしい童謡・唱歌・わらべ歌・寮歌・民謡・歌謡」トップページ
http://www.mahoroba.ne.jp/~gonbe007/hog/warabe.html（2021 年 2 月 22 日参照）
「雪山賛歌」
http://www.mahoroba.ne.jp/~gonbe007/hog/shouka/00_songs.html（2021 年 2 月 22 日参照）
「むすんでひらいて」
http://www.mahoroba.ne.jp/~gonbe007/hog/shouka/00_songs.html（2021 年 2 月 22 日参照）

*3：ロールプレイについては、国際交流基金日本語教授法シリーズ 6『話すことを教える』2-5 を参照。

MEMO

5 フィードバック

アウトプット練習の役割の1つに、相手（聞いている人や読んでいる人）から、反応を得て、自分の言ったことが伝わったかどうか、正しかったのかどうかを確かめるという役割があります。そして、正しくなかった場合、教師や相手などから訂正を受けることができれば、学習者はさらに文法を学ぶチャンスとなります。ここでは、学習者のアウトプットに対して、何らかの反応を示し、誤用訂正を行うことを「フィードバック」と呼びます。学習者の誤りに対して、どのようにフィードバックをすればいいのか考えてみましょう。

5-1. 誤りに対する態度

フィードバックの仕方について考える前に、誤りについてみなさんはどう思っているか、姿勢や価値観をふり返ってみましょう。

ふり返りましょう

【質問57】
次の項目を見て、そうだと思うものには○、そうではないと思うものには×を、どちらとも言えないものには△をつけなさい。そして、クラスやまわりの人と、なぜそうなのかを話し合ってみましょう。

① (　　) まちがうのはきらいだ。
② (　　) 誤りは、うつるものだ。
③ (　　) まちがいを訂正されるのはいやだ。
④ (　　) 誤りかどうかの判断は難しい。
⑤ (　　) 誤りを伝えるべきかどうかの判断は難しい。
⑥ (　　) 誤りの訂正は、やっている活動の流れを止めてしまう。
⑦ (　　) 誤りの訂正は、クラスのふんいきを悪くしてしまう。

①～③が全部○だった人、誤りに対してかなり悪いイメージを持っていませんか。

⑥〜⑦が○だった人、クラスの中での誤りの訂正に消極的になっていませんか。子どもが、言語を習得していくプロセスのことを考えてみてください。子どもは、たくさんの誤りをします。そして、それに対して、まわりの人は、正しい形や、その言い方では意味が伝わらないことをいろいろな方法で伝えています。

たとえば、「ママ、起きさして！」という誤りのある子どもの発話に対して、「起きさしてじゃなくて、起こしてでしょ。」と訂正を含む対応をする場合と、「しょうがないわね…じゃあ、起こしてあげますよ。」と正しい形でくり返す場合があります。

誤りは、言語をうまく使えるようになるプロセスには必ずあるものです。そして、学習者がよりよい言語システムを自分の中に作るためにも必要なものなのです。また、教師にとっては、学習者の誤りは、学習者の言語習得がどのような段階にあるかを知る貴重なデータになります。それをもとに、次にどのように教えればいいかを考えることができるからです。つまり、言語を習得していくプロセスで起こる誤りは、学習者にとっても、教師にとっても、宝の山なのです。

しかし、誤りが宝の山となるには、学習者の中で誤ったルールがきちんと修正されることが必要です。修正されないと、誤りが定着して直らなくなってしまう可能性があるからです。

実際に学習者の誤りを訂正する必要があるか、また、必要がある場合、どのように訂正するかを考えるには次の2点が重要です。
1）その誤りの原因は何か
2）その誤りは重大な誤りなのか

5-2. 誤りの原因

誤りの原因には、大きく分けて次の3つがあります。
　（1）学習者の母語の影響がある場合
　（2）誤ったルールを形成してしまった場合
　（3）たまたま言いそこなってしまった場合
それぞれの例を見てみましょう。

(1) 学習者の母語の影響がある例

母語での言い方と日本語での言い方が似ている場合は問題ないのですが、違う場合に、母語の言い方をそのまま日本語に訳して使ってしまったために起こる誤りがあります。

ふり返りましょう

【質問58】
母語の影響による誤用の具体例を、あげてみてください。

　たとえば、英語を母語とする学習者は、電車の中で男の人に足をふまれたときに、「今日、電車の中で、男の人が私の足をふみました」と言うかもしれません。しかし、日本語では、このようなときには迷惑を受けた「私」の視点から表現することが普通で、「私は、電車の中で男の人に足をふまれました」と言うほうが自然です。英語を母語とする学習者にとっては、このような受身の使い方は（英語では文法的にありえないため）なかなか理解できないようです。これは、母語が影響していると考えられます。

(2) 誤ったルールを形成してしまった例

　学習者が第2言語を習得する過程で、誤ったルールを一時的に作ってしまうこともあります。第2章の習得のメカニズムで見たように、学習者の中間言語知識は、学習者の独自の文法体系で、正しい知識ばかりとは限りません。1つのルールをほかのものにも当てはめて使ってしまったり、見たり聞いたりしたものの中から自分で勝手にルールを作ってしまうことがあります。子どもも、母語を習得していく過程で、一時的にまちがった言い方をすることがありますが、それと同じように、学習者も、誤ったルールを作ってしまうことによって、誤りが生まれます。

考えましょう

【質問59】
次のような誤り（下線部分）は、誤ったルールを形成してしまった例と考えられます。どうして、誤ったルールを形成することになったのでしょうか。

　①日本語が少しわかれるようになりました。
　②きのうはとても暑いでした。
　③A：だれが、黒板を消してくれたんですか。
　　B：私は、しました。

学習者は、教室で習った文法以外にも、教科書の日本語や、実際に聞いたり見たりした日本語から、自分なりの文法を作りあげます。たとえば、①は、もともと可能の意味があるために可能形が存在しない「わかる」という動詞を、可能形の作り方のルールに従って可能形にしてしまったと思われる例です。また、②は、名詞や形容動詞の過去形の作り方（「～でした」をつける）を、形容詞にも当てはめてしまったと考えられます。また、③は、「私」のあとには、「は」がくることが多いため、「は」を使ってしまった例だと思われます。

(3) たまたま言いそこなってしまった例
　私たちが、母語でも口がすべって言いまちがうことがあるように、短時間でうまく言語処理ができなかったり、十分に注意を払えない場合にしてしまう誤りがあります。また、ルールや表現を理解していても、はっきり覚えていない場合や、言語知識が自動化されていない場合にも、誤用が起こります。たとえば、自動詞・他動詞は、中、上級になっても誤用が多く見られる文法項目の1つですが、自動詞・他動詞の概念を理解し、どちらの表現を使えばよいかがわかっていても、自動詞・他動詞の語彙自体をはっきり覚えていないため、まちがえる場合もあります。

　このような誤りの原因は、指導方法のヒントになるので、これら3つの誤りを見分けることは、重要なことです。

考えましょう

【質問60】
これらの3つの誤りを見分けるにはどうしたらよいでしょうか。また、その原因がわかったら、次にどのような指導をしたらよいでしょうか。

　たまたま言いそこなってしまった誤りかどうかを判断するには、自己訂正できるかどうかが1つの目安になります。誤りが起こったら、「えっ、何ですか？」と聞き返したりして、誤りであることを間接的に伝えてみてください。それで、学習者が自己訂正できなければ、文法ルールの理解が不十分です。自己訂正できれば、ルールは理解しているけれども、言語知識の自動化がまだ完全にされていない段階であったり、単に口がすべってしまったことが原因であると考えられます。このような場合は、自動化をうながすための練習が必要だということになります。

5-3. 誤りの重大性

一口に誤りと言っても、その程度はいろいろです。文法的に完全なまちがいの場合もあれば、文としての規則は守られているが、日本人はそんな言い方はしないとか、適切な言い方ではないというものもあります。しかし、学習者は一度にあまりにもたくさんの訂正をされると、いやな気持ちになるかもしれませんし、覚えきれず、学習効果も上がりません。効果的に誤りを訂正するには、訂正する項目を選ぶことが大切で、それには、何が最も重大な誤りかを、その場その場で判断する必要があります。

考えましょう

【質問61】

次の下線の誤用のうち、聞き手に誤解を与えたり、聞き手が不快な思いをする誤用はどれでしょうか。また、どのように直せばよいでしょうか。

①駅前の喫茶店に待っています。（正しい例：で）
②ゆうべ姉が電話しました。（正しい例：姉が電話をくれました）
③友だちが、わざわざうちまで送りました。（正しい例：送ってくれました）
④その仕事、忘れずにやってくださいよ。（正しい例：やってくださいね）
⑤A：ここで写真をとってはいけません。
　B：そうですね。（正しい例：あ、そうですか。わかりました）

①は、聞き手が文法的に変だと気づきやすく、修正してメッセージを受け取ってくれるので、誤解に発展することはあまりないまちがいです。しかし、①以外の誤用例は、コミュニケーション上問題となる誤りです。②は、姉が私以外の人に電話をかけたように聞こえてしまう誤用です。③は、「～てくれる」がないと感謝していないように聞こえてしまいます。④は、「よ」は聞き手が知らない場合に使うので、忘れている人に念を押すための発話に聞こえ、聞き手が覚えていた場合には、失礼に感じるおそれもある例です。⑤は、「そうですね。」と答えると、やってはいけないとわかっていたのにやっていたかのように聞こえてしまい、相手が不快に思う例です。

このように、聞き手が、話し手の意図と違う解釈をしてしまう可能性が高い誤用を重視する必要があります。

5-4. 誤りの訂正の仕方

実際に誤りを訂正する方法には以下の3つのことがかかわってきます。
1) だれが訂正するか
2) どのタイミングで訂正するか
3) どのような方法で訂正するか

ふり返りましょう

【質問62】
みなさんが教えているところでは、学習者の誤用に対して、だれが、どのようなタイミングで、どのような方法で訂正していますか。

1) のだれが訂正するかは次の3つの選択肢があります
   ・誤りをした学習者本人
   ・その他の学習者
   ・教師

いつも教師がやるのではなく、学習者本人やその他の学習者に、誤用の指摘をしてもらうことも、効果的な訂正方法です。

2) のタイミングについては、2つの選択肢があります。
   ・誤りの直後
   ・活動が終了した時点

誤りの直後の訂正が、効果的な場合もありますが、流ちょうさを重視した会話練習の時間などは、学習者の発話や活動の流れをさえぎらずにフィードバックを行うほうがよいと言われています。ロールプレイなどのペアで行う活動では、学習者同士が発話をしている間は訂正せずに、活動のあとに、まとめてフィードバックの時間をとるなどして、発話活動を中断させないようにしましょう。授業時間中にフィードバックの時間がとれなかったら、あとで個別に誤用についてのメモを渡したり、クラスで出た誤用リストを配布してもよいでしょう。

このように、自己訂正ができるかどうか、授業や活動の目的は何かなど、実際の状況に合わせて、訂正方法を選択する必要があります。

3）の訂正の仕方については、具体的な言い方について考えてみましょう。

【質問63】

日本にきた留学生といっしょにレストランに行きました。食事が終わってお金を払おうとしたら、その留学生が「あれっ、財布はない！」と言いました。どのようにフィードバックしますか。

具体的に訂正するときの言い方を整理すると、次のア）〜ケ）となります。ア）〜ケ）は、実際には組み合わせて使われることも多いです。

ア）「それは、まちがっています。」：はっきりと誤りであることを告げる。

イ）「財布がないが正しいんですよ。」：正しい答えを告げる。

ウ）「助詞が違っていますよ。」：文法用語を使って、誤っているところを知らせる。

エ）「財布…」：まちがっている部分の直前で止める。

オ）「財布はない？」：相手の誤った言い方をそのままくり返す。

カ）「ごめんなさい。何て言った？もう一度言ってくれますか。」：理解できなかったことを告げて、もう一度言うことを要求する。

キ）「発見したときは、財布はないじゃなくて、財布がないって言うんですよ。」：なぜまちがいなのかを正しい言い方とともに説明する。

ク）「ああ、財布がないのね」：正しい言い方を、あいづちのように自然に返す。

ケ）その場では直接言わず、あとでメモに書いて渡す。

考えましょう

【質問64】　　　　　　　　　　　　　　　　　　→〈解答・解説編へ〉

次の①〜④に当てはまるものはどれですか。ア）〜ケ）の中から選んでください。

①会話や活動の流れをさえぎらずに、その流れの中で自然な形でできるフィードバックはどれか。

②まちがっているところがわかるフィードバックはどれか。

③正しい言い方やそのまちがえた理由がはっきりわかるフィードバックはどれか。

④学習者の気持ちを考えたフィードバックはどれか。

　学習者の中には、授業のときに、「まちがったら、全部直してください。」という学習者もいれば、まちがいを指摘されると、表情が硬くなったり、発言しなくなる学習者もいます。学習者のタイプや活動の種類や目的などを考えながら、その場その場で最良のフィードバックの仕方を考えていきましょう。

　また、言語習得のメカニズムから考えて、効果的だと考えられているフィードバックの方法があります。それは、ク）です。

> ク）「ああ、財布がないのね」：正しい言い方を、あいづちのように自然に返す。

　このような訂正の仕方を、**リキャスト**と言います。子どもが母語を習得していく過程で、まわりの大人から、はっきりと誤りを直されることはあまりありませんが、大人が、正しい表現に直してあいづちを打っていることはよくあります。この方法で、学習者の発話の意味や全体的な構造は変えないまま、誤りの部分だけを正しく訂正して、自然な形で学習者の発話をくり返すタイプのフィードバックが、有効なのではないかと言われています。

　このように、誤りの訂正の方法はたくさんあります。どのように訂正してほしいのか、学習者に意見を聞いてみたり、学習者のフィードバックへの反応を観察したりしながら、お互いが満足できる誤りの訂正の仕方を見つけてみてください。

フィードバックーまとめー

整理しましょう

【質問65】　　　　　　　　　　　　　　　　　→〈解答・解説編へ〉
次の文章は、この章で考えたことを整理してまとめたものです。下線部分に適切なことばを入れてください。

　誤りは、言語を習得していくプロセスでは必ず起こるものであり、その修正がなされることは、学習者がよりよい言語システムを作っていくうえで重要です。学習者がなぜまちがえたのか、その原因は3つに分けて考えられます。「学習者の＿＿＿＿＿＿＿＿の影響」「学習者が、＿＿＿＿＿＿＿＿を形成してしまった」「たまたま言いそこなってしまった誤り」です。誤りの原因によって、教師の対応の仕方も変えたほうがよいです。

　また、誤りの重大性には程度があります。相手が、話し手の意図と＿＿＿＿＿＿＿＿＿＿解釈をしてしまう可能性が高い誤用を重視する必要があります。実際の訂正の仕方もいろいろあり、リキャストという、＿＿＿＿＿＿＿＿をうちながら、自然に正しい言い方を返すやり方もあります。学習者と、誤用訂正の目的や方法について、一度話し合っておくのもよいでしょう。

MEMO

おわりに〜文法授業の組み立て方〜

「文法を教える」ことに関して、実際の場面で日本語を適切に使えるようになることを目標に、教師の仕事についていっしょに考えてきました。最後に、これまで見てきたことをふまえ、文法授業を組み立てるときの要素について整理します。

ふり返りましょう

【質問66】

「文法を教える授業」と言っても、いろいろな授業があります。みなさんはどのような授業の中で、文法を教えていますか。全体のコースの中での位置づけ、学習者のレベル、その授業の目的、時間割上の名前は何ですか。

　文法を教える授業は、全体のコースの中での位置づけによって、その目的や性質が異なってきます。学習者のレベル（初級、中級、上級）、そして、総合的な日本語の授業か、それとも、文法の知識の獲得に焦点を当てた授業かによっても、文法のあつかい方が異なってきます。また、「会話」「読解」「聴解」「作文」など技能別の授業の中で、そこに出てきた文法項目を取り上げる場合もあります。どの場合も、「学習者の文法理解と実際の使用を助けること」を教師が行っていれば、文法の授業として考えることができるでしょう。そして、それぞれの文法の授業をどのように組み立てるかは、文法項目の性質もふまえたうえで、その授業の目的に合わせて考えることが重要です。

考えましょう

【質問67】

文法の授業を組み立てるとき、レベルやコースの中での位置づけ以外に、どんな要素に注目して、文法指導を行えばよいでしょうか。その要素を思いつく限りたくさん出してみてください。

□学習者のレベルはどのぐらいか。
□コースの中で、どのような位置づけの授業か。

□文法の授業の目的は何か。
　　□新しい文法項目の3つの要素（形、使い方、意味・機能）を知る。
　　□形を知っている文法の、使い方や意味・機能をくわしく知ること。
　　□似たような文法、表現との区別を整理し、使い分けられるようになること。
　　□その文法を場面に応じて使えるようになること。
　　□文法の知識を使って読んだり聞いたりすること。
　　□文法の知識を使って話したり書いたりすること。
　　□日本語能力試験や入学試験などに受かること。
□授業で使われる教材は、決まっているか。
□使用している教材は、どんなシラバスか。（文法シラバス、トピックシラバス、機能シラバス、タスクシラバスなど）
□教師が文法説明をする場合、母語や学習者との共通言語を使えるか。それとも日本語のみか。
□学習者はどんな学習スタイルか。自分で考えたり、文法を分析したりするのが好きか、慣れているか。
　　……など

　このように一口に「文法を教える授業」と言っても、いろいろな観点から考えて準備する必要があり、何が効果的なのかは、その学校、そのクラスによって違います。大事なことは、1人1人の教師が、あつかう内容を自分で十分検討し、学習者の様子をよく見ながら、自分の現場に合ったやり方で文法の授業を組み立てていくことです。

【質問68】

授業を組み立てる場合の要素について、自分の場合を考えてみましょう。

文法授業の要素	教えている現場の状況
学習者のレベル	
コースの中での位置づけ	
文法の授業の目的	
教材	
共通言語	
学習者の学習スタイル	
その他の要素（　　　　　　）	

ふり返りましょう

【質問69】
この本では、文法を教える教師の役割を、「学習者の文法の理解と使用を助けること」とし、さまざまな教育的なテクニックをあつかってきました。「文法を教える」自分の授業に、何か欠けていたことはありましたか。また、これから工夫をしてみたいと思ったことがありましたか。

　どのようなコースで教えているかによって、注目する教育的テクニックが異なっていると思います。いつもの授業に何か工夫を加えることは、教師にとって負担の大きい仕事かもしれません。しかし、学習者が実際の場面で、日本語が使えるようになるためには、文法のとらえ方（文法とは何か、なぜ文法を教えるのか）を再考し、具体的な文法指導のテクニック（提示、練習、フィードバックの仕方）に、日々工夫を加えていく必要があるでしょう。

　いろいろなコースの中でも、特に、文型・文法を中心にした教科書を使って教えている場合は、自分の授業の組み立て方が、言語習得のメカニズムを活用し、その働きを助ける流れになっているか、ぜひ検討してみてください。
　授業計画を立てるとき、そのコースでどのような教科書を使っているかということは、文法の指導に大きな影響を与えます。よく、「教科書を教える」のではなく、「教科書で教える」のがよいと言われますが、教科書をそのまま使うのではなく、アレンジして使ってみましょう。教科書の内容に何かを加えたり、けずったり、順番を変更したり、授業の目的に合わせて、教科書を「料理する」のは、教師の大事な仕事です。
　特に日本国外では、学習者が教室外で日本語のインプットを受ける機会も限られていますので、教室内でのインプットの重要性が増します。もし、教室の授業であつかう時間がなければ、宿題などにして、学習者が日本語を聞いたり読んだりする機会を増やす環境を作るのも教師の役割でしょう。日本語学習用教材を利用するだけでなく、学習者とその国在住の日本人社会との接点を作ること、インターネットを利用した日本語のインプットの機会を紹介することなど、いろいろ工夫をしてみてください。

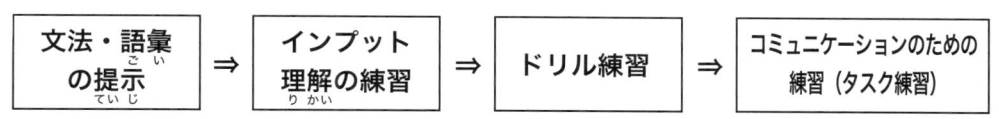

「2-2. なぜ使えるようにならないのか」で提案した授業の流れは、次のような流れです。

文法・語彙の提示 ⇒ インプット理解の練習 ⇒ ドリル練習 ⇒ コミュニケーションのための練習（タスク練習）

この授業の流れにそって、いつもの授業を組み立て直してみましょう。

やってみましょう

【質問70】
何か1つの文法項目を選んで、第3章と第4章を参考に、その提示の仕方、練習方法を具体的に考えてみてください。どんな工夫を加えますか。

　文法の授業を組み立てるときに、大切にしたいことがあります。それは、学習者が文法の授業を楽しめるようにするということです。

ふり返りましょう

【質問71】
みなさんの学習者は、文法の授業を楽しんでいますか。自分が受けた授業で、楽しかった授業はありますか。楽しいと思う文法の授業を紹介し合いましょう。

　文法の授業を組み立てるとき、楽しい文法授業になるようにすることも大切な要素です。学習者が「難しい」「つまらない」と思って学習に取り組むよりも、「楽しい」と思って取り組むほうが、学習効果が高くなる場合もあるでしょう。
　人が楽しいと思う理由はたくさんあります。わからない文法がわかったときも、新しい文法ルールを覚えたときも、「楽しい」と思う場合があるでしょう。しかし、中には、新しく文法の知識を得るだけでは、楽しいと感じない人もいるかもしれません。ルールの難しい文法説明などを聞くのが苦手という人もいるでしょう。文法の授業は、文法の知識の提示やその確認の練習を中心に行うと、学習者が静かに座って文法の説明を聞き、だまってもくもくと手を動かして練習問題を解く……という受動的な姿勢で受ける「静的」な授業になることも多いです。また、単調な文型練習だけをやっていると、あまり楽しく感じられないかもしれません。

教室でみんなといっしょに学習するときは、「静的」な活動だけではなく、「動的」な活動も入れてみましょう。学習者が、「わくわく、どきどき」しながら、頭も体もフルに使って行う「動的」な文法の授業は、気分転換にもなるし、印象深くなるため、よく覚えられるようになるかもしれません。
　第3章、第4章で紹介した活動に見られる、文法の授業を楽しくする要素を次にまとめます。

・ことばによる文法提示だけではなく、絵、図、写真、実物、教師のジェスチャー、ビデオ、イメージを表す絵図などを使って、視覚的にとらえられるようにする。
・学習者が自分で考えてルールを見つけ、ルールを発見したときの喜び、わかったときの喜びを味わえるようにする。
・インプットとして与える例文や文章が、学習者にとって身近なことや、おもしろい内容となるよう工夫する。
・インプット理解を確かめる質問やTPR（全身反応法）の指示のことばを、学習者にとって楽しい文にする。
・絵や写真などの題材を、学習者の興味を引くものにする。
・インプットの理解に対する反応を、体を動かして、動的に行う。
・「られるリレー」のような、体を動かして答える練習をする。
・1人ではなくみんなといっしょにやる。
・競争したり、勝ち負けがあったり、ゲームの要素がある。
・歌を使って、ルールを覚える。

そして、「わからなかったことがわかった」「できなかったことができた」というのも、楽しさを感じる大きな要素になることでしょう。

　いかがでしたか？　この巻でいっしょに考えたこと、紹介したことが、わかりやすく楽しい文法の授業の実践に、そして学習者が実際の場面で日本語を使えるようになることにつながるきっかけとなれば、幸いです。

《解答・解説編》

1 文法とは何か

■【質問8】

形、使い方、年齢、ゆれ

2 なぜ文法を教えるのか

■【質問16】

インプット、アウトプット、文脈・場面、インプット、アウトプット、助ける

3 文法の提示の仕方

■【質問18】

①意味・機能　②形　③形　④使い方　⑤使い方　⑥意味・機能　⑦意味・機能

■【質問24】

絵①

1	場面・状況を説明する。「道です。子どもが歩いています」。
2	さいふを指し「さいふです」。
3	さいふを指し「落ちました。ずっとあります」。
4	子どもからさいふに指をすべらせ「みつけました」。
5	導入の文を提示する「さいふが落ちています」。

足立章子ほか（2004）『絵で導入・絵で練習』p.105（凡人社）より

絵②

```
1  ここは公園です。
2  雨が降ったのでベンチ（いす）がぬれました。
3  女の人がベンチを見て、言いました。「ベンチがぬれています。」
```

【質問32】

学習者発見タイプの長所・短所の観点	長所	短所
その項目を理解するまでの時間がかかる。		√
発見の喜びがあり、印象深いので記憶に残りやすい。	√	
正しいことがわかるまで、不安な気持ちになる。		√
学習者が積極的に授業に参加する。	√	

【質問33】

以下は①～③の提示方法の例です。

①ことばによる提示

```
19  ① 東京に住む。
    ② 東京で働く。

19―1  物や人が存在する位置を示す場合にはニを使う。

       〔場所〕ニ ＋ 〔主体〕ガ ＋ 動詞

   例 (1) 電話機のそばにテレビがある。
      (2) この近くにスーパーができるらしい。

       〔主体〕ガ／ハ ＋ 〔場所〕ニ ＋ 動詞

   例 (3) 私の母は東京にいる。
      (4) 電車は東京駅に止まった。
      (5) 私はこのホテルに泊まっている。
      (6) この本は17ページと19ページに誤植がある。
```

19-2 動作が行われたり、出来事が起こる場所はデで表す。

〔主体〕ガ／ハ ＋ 〔場所〕デ ＋ 〔動作〕

例 (7) 私はこれから部屋で本を読む。
(8) きのう教室で彼に会った。
(9) 彼はその論文で貿易摩擦の原因を挙げている。

〔場所〕デ ＋ 〔出来事〕

例 (10) 3時に10号室で会議がある。
注 (10)の「ある」は、「出来事の存在」を表し、ニを取らない。
(イ) ＊3時に10号室に会議がある。

益岡隆志ほか『日本語文法セルフマスターシリーズ3 格助詞』19（くろしお出版）

②文法のイメージを表した絵図を用いた提示

「で」　　　　　　　　「に」

③学習者発見タイプの提示

＜例文で＞

1 図書館に雑誌があります。
2 図書館で本を読みます。
3 夜は部屋にいます。
4 夜は部屋で勉強しています。
5 お正月はハワイで泳ぐ予定です。
6 お正月はハワイにいます。

などの例をいくつか提示して、学習者にルール（存在する場所は「に」、動作の場所は「で」で表される）を発見させる。

＜会話例で＞

「机で絵をかく」と「机に絵をかく」はどう違うかを、次のような会話例を示して考えさせる。

場面1

A：先生、ここ（a　　　）タバサさんといっしょに絵をかいてもいいですか？
B：いいえ、自分の机（b　　）かいてください。

場面2

A：ヤングさん、何をしているんですか。机（c　　　）絵をかいてはいけませんよ。机はヤングさんだけのものじゃありません。みんなのものですよ。すぐに消してください。
B：すみません。わかりました。すぐに消します。

（答えは、a：で　b：で　c：に）

＜文法を実感・体験させる方法＞

教師は、「いすにすわってください」「ゆかに寝てください」「いすの上でダンスをしてください」「そこで泳いでください」などと言って、学習者にその行動を実際にさせる。そして、「に」と「で」の意味機能を実感させて、ルールを考えさせる（「～てください」はすでに習っている）。

このような、例文、会話例、実感・体験させるなどの方法をいくつか組み合わせてもいいでしょう。

【質問34】

文脈・場面、興味・関心、ことば、視覚、イメージ、発見

4 練習の仕方

【質問36】

練習A

練習Aの目的：受身の形を作るルールがわかったどうかの確認。

読む	例）読まれる	見る	見られる
書く	書かれる	食べる	食べられる
言う	言われる	そうじする	そうじされる
ほめる	ほめられる	来る	来られる

練習B

練習Bの目的：受身文を正確に作ることができるかどうかの確認。
　①社長は山田さんを呼びました。
→　山田さんは、社長に呼ばれました。
　②じゃがいもからポテトチップを作ります。
→　ポテトチップは、じゃがいもから作られます。

練習C

練習Cの目的：主語が変わらないほうがわかりやすく、「主語を統一するために受身文が選ばれる」という文法ルールを知っているかどうか、そして、その知識を使って受身文を作ることができるかどうかの確認。
　①突然先生が私の名前を呼んで、私はびっくりしました。
　→　突然先生に名前を呼ばれて、私はびっくりしました。
　②恋人が私に結婚を申し込みましたが、私は断りました。
→恋人に結婚を申し込まれましたが、私は断りました。

【質問38】

練習A〜Cとの違いは本文を参照してくだい。

練習D

(1)
　６歳のときに父と母に連れられて、船に乗ったんです。何日も船に乗って、ある朝早く、母に起こされました。そこはアメリカでした。すぐに小学校に入ったんで

すが、はじめは英語で名前を聞かれても、答えられませんでした。半年もたつと、先生のことばがだいたいわかるようになりました。友だちには「ヒーロー」や「ヒロ」と呼ばれていました。でも、おとなになってからはたいへんでした。アジア人がいじめられるようになったんです。そして、戦争の時がいちばんたいへんでしたね。日本人用のキャンプに入れられたんですが、すぐに、子どもが病気になって、15歳で死なれました。かなしかったですよ。でも、戦後、妻と作った日本語新聞が、カリフォルニアに住んでいる日本人の80%に読まれるようになりました。今は、しあわせですね。

(2) ①船の中で、(母)が私を起こしました。
② (友だち)が(私)を「ヒーロー」と呼びました。
③死んだのは(子ども)です。
④川上さんの日本語新聞は(カリフォルニアに住んでいる日本人の80%)が読んでいます。

足立章子ほか（2002）『文法が弱いあなたへ』別冊付録解答 p.6（凡人社）を利用

【質問42】

たとえば、次のような例文です。(下線は文法項目)
・センターの食堂の料理はおいしいです。
・私は毎晩おそくまで勉強しています。
・去年、恋人から、クリスマスプレゼントをもらいました。
・これまで、3通以上、ラブレターをもらったことがあります。
・東海道新幹線には乗ったことがありますが、東北新幹線には乗ったことがありません。
・コンビニのお弁当より、私の料理のほうがおいしいです。
・おみやげをたくさん買って帰りたいです。

【質問43】

①学習者が内容を母語に訳す。
②内容に関するクイズを作り、○×などで答える。

クイズの例)　　　　　　　　　　　答
・女の人は警察に電話をしています。　(○)
・女の人は指輪をとられました。　　　(×)
・女の人は困っています。　　　　　　(○)
・女の人はお金をとられました。　　　(○)

③内容に関する質問に答える。

質問の例)　　　　　　　　　　　　　　(答)

- 空巣とは何ですか。(だれもいない家に入って物をぬすむどろぼうです。)
- 女の人はどこに電話をしていますか。(警察に電話をしています。)
- 女の人はどんな気持ちですか。(おどろいている、困っている、悲しい、怒っているなど。)

■【質問55】

①〜②インプットの理解をし、キーワードや話の大筋をつかむ。
③メモをヒントに、学習者の持っている運用力(中間言語知識)で、アウトプットする。
④モデルとなるインプットをテープで聞いたり、スクリプトと比較したりすることによって、自分のアウトプットとの違いに気づき中間言語知識を修正する。
⑤新しい言語表現の学習。

なお、筆者はこの活動を行うのに、『中級日本語聴解練習　毎日の聞き取り50日』(凡人社)を利用したことがあります。文章の長さなど、参考にしてください。

■【質問56】

インプット理解、アウトプット、TPR(全身反応法)、タスク、ディクトグロス

5 フィードバック

■【質問64】

①オ)カ)ク)
②イ)ウ)エ)キ)ク)
③イ)キ)
④カ)ク)ケ)

■【質問65】

母語、誤ったルール、違う(異なる)、あいづち

【参考文献】

Scott Thornbury 著　塩沢利雄監訳 (2001)『新しい英文法の学び方・教え方』ピアソン・エデュケーション

和泉伸一 (2009)「内容重視のインプットとアウトプットを通したフォーカス・オン・フォームの指導」『英語教育』2月号 57 (12) 28-30　大修館書店

国立国語研究所編 (2004)『新「ことば」シリーズ17　言葉の「正しさ」とは何か』国立国語研究所

小柳かおる (2004)『日本語教師のための新しい言語習得概論』スリーエーネットワーク

迫田久美子編集 (2006)『講座・日本語教育学第3巻　言語学習の心理』スリーエーネットワーク

白井恭弘 (2004)『外国語学習に成功する人、しない人』岩波書店

白井恭弘 (2008)『外国語学習の科学』岩波書店

新屋映子・姫野伴子・守屋三千代 (1999)『日本語教科書の落とし穴』アルク

髙島英幸 (2000)『英語のタスク活動と文法指導』大修館書店

髙島英幸 (2005)『英語のタスク活動とタスク』大修館書店

田窪行則・西山佑司・三藤博・亀山恵・片桐恭弘 (1999)『岩波講座言語の科学7　談話と文脈』岩波書店

日本語教育学会編 (2005)『新版日本語教育事典』大修館書店

野田尚史編 (2005)『コミュニケーションのための日本語教育文法』くろしお出版

益岡隆志・仁田義雄・郡司隆男・金水敏 (1997)『岩波講座言語の科学5　文法』岩波書店

町田健 (2002)『まちがいだらけの日本語文法』講談社

村野井仁 (2006)『第二言語習得研究から見た効果的な英語学習法・指導法』大修館書店

横山紀子 (1998)「言語学習におけるインプットとアウトプットの果たす役割―効果的な「気づき」を生じさせる教室活動を求めて―」『日本語国際センター紀要』第8号 67-79　国際交流基金日本語国際センター

横山紀子 (1999)「インプットの効果を高める教室活動：日本語教育における実践」『日本語国際センター紀要』第9号 37-53　国際交流基金日本語国際センター

Ellis, R. (1995) Interpretation Tasks for Grammar Teaching. *TESOL Quarterly*, 29 (1), 87-105.

Ellis, R. (1997) *SLA Research and Language Teaching.* Oxford: Oxford University Press.

Ellis, R. (2006) Current Issues in the Teaching of Grammar: An SLA Perspective. *TESOL Quarterly*, 40 (1), 83-107.

Larsen-Freeman, D. (1991) Teaching Grammar. in Celce-Murcia, M.(ed.) *Teaching English as a Second or a Foreign Language.* Boston, Mass:Heinle & Heinle, 279-296.

Thornbury, S. (1999) *How to Teach Grammar.* Essex, England: Pearson education Limited.

【参考にした教材】

足立章子・梅田康子・亀田仁・齋藤伸子・斉藤祐美・鶴田優 (2004)『絵で導入・絵で練習』凡人社

足立章子・金田智子・鈴木有香・武田聡子 (2002)『文法が弱いあなたへ』凡人社

市川保子 (2005)『初級日本語文法と教え方のポイント』スリーエーネットワーク

小川誉子美・前田直子 (2003)『日本語文法演習　敬語を中心とした対人関係の表現―待遇表現―』スリーエーネットワーク

河原崎幹夫監修 (1992)『中級日本語聴解練習　毎日の聞きとり50日上』凡人社

河原崎幹夫監修 (1992)『中級日本語聴解練習　毎日の聞きとり50日下』凡人社

栗山昌子・市丸恭子 (1992)『初級日本語ドリルとしてのゲーム教材50』アルク

グループ・ジャマシイ編著 (1998)『教師と学習者のための日本語文型辞典』くろしお出版

国際交流基金 (2002)『教科書を作ろう (改訂版) れんしゅう編1』

国際交流基金 (2002)『教科書を作ろう (改訂版) れんしゅう編2』

国際交流基金日本語国際センター (2005)『児童・生徒のための日本語わいわい活動集』スリーエーネットワーク

小林典子・フォード丹羽順子・高橋純子・藤本泉・三宅和子 (1995)『わくわく文法リスニング99　ワークシート』凡人社

小林典子・フォード丹羽順子・高橋純子・藤本泉・三宅和子 (1995)『わくわく文法リスニング99　指導の手引き』凡人社

小山悟 (2002)『J.Bridge』凡人社

小山悟 (2007)『J.Bridge for Beginners Vol.1』凡人社

CAGの会編 (2007)『日本語コミュニケーションゲーム80 (改定新版)』The Japan Times

砂川有里子監修 (2008)『おたすけタスク　初級日本語クラスのための文型別タスク集』くろしお出版

高橋美和子・平井悦子・三輪さち子 (1994)『クラス活動集101―『新日本語の基礎Ⅰ』準拠―』スリーエーネットワーク

高橋美和子・平井悦子・三輪さち子 (1996)『続・クラス活動集131―『新日本語の基礎Ⅱ』準拠―』スリーエーネットワーク

友松悦子・宮本淳・和栗雅子 (2007)『どんな時どう使う日本語表現文型辞典』アルク

友松悦子・和栗雅子 (2004)『短期集中　初級日本語文法総まとめ　ポイント20』スリーエーネットワーク

名古屋YWCA教材作成グループ (2004)『わかって使える日本語』スリーエーネットワーク

文化外国語専門学校 (1992)『楽しく聞こうⅠ』凡人社

文化外国語専門学校 (1992)『楽しく聞こうⅡ』凡人社

文化外国語専門学校 (1995)『楽しく話そう』凡人社

牧野昭子・沢田幸子・重川明美・田中よね・水野マリ子（2000）『みんなの日本語初級Ⅰ　初級で読めるトピック 25』スリーエーネットワーク

牧野昭子・沢田幸子・重川明美・田中よね・水野マリ子（2001）『みんなの日本語初級Ⅱ　初級で読めるトピック 25』スリーエーネットワーク

牧野昭子・田中よね・北川逸子（2003）『みんなの日本語初級Ⅰ　聴解タスク 25』スリーエーネットワーク

牧野昭子・田中よね・北川逸子（2005）『みんなの日本語初級Ⅱ　聴解タスク 25』スリーエーネットワーク

益岡隆志・田窪行則（1987）『日本語文法セルフマスターシリーズ 3　格助詞』くろしお出版

Mizue Sasaki・Masami Kadokura（1997）『会話のにほんご＜ドリル＆タスク＞』The Japan Times

【参考ウェブサイト】

「みんなの教材サイト」https://www.kyozai.jpf.go.jp/

「日本語教育通信」https://www.jpf.go.jp/j/project/japanese/teach/tsushin/

巻末資料1

小山悟（2007）『J.Bridge for Beginners Vol.1』15課（凡人社）

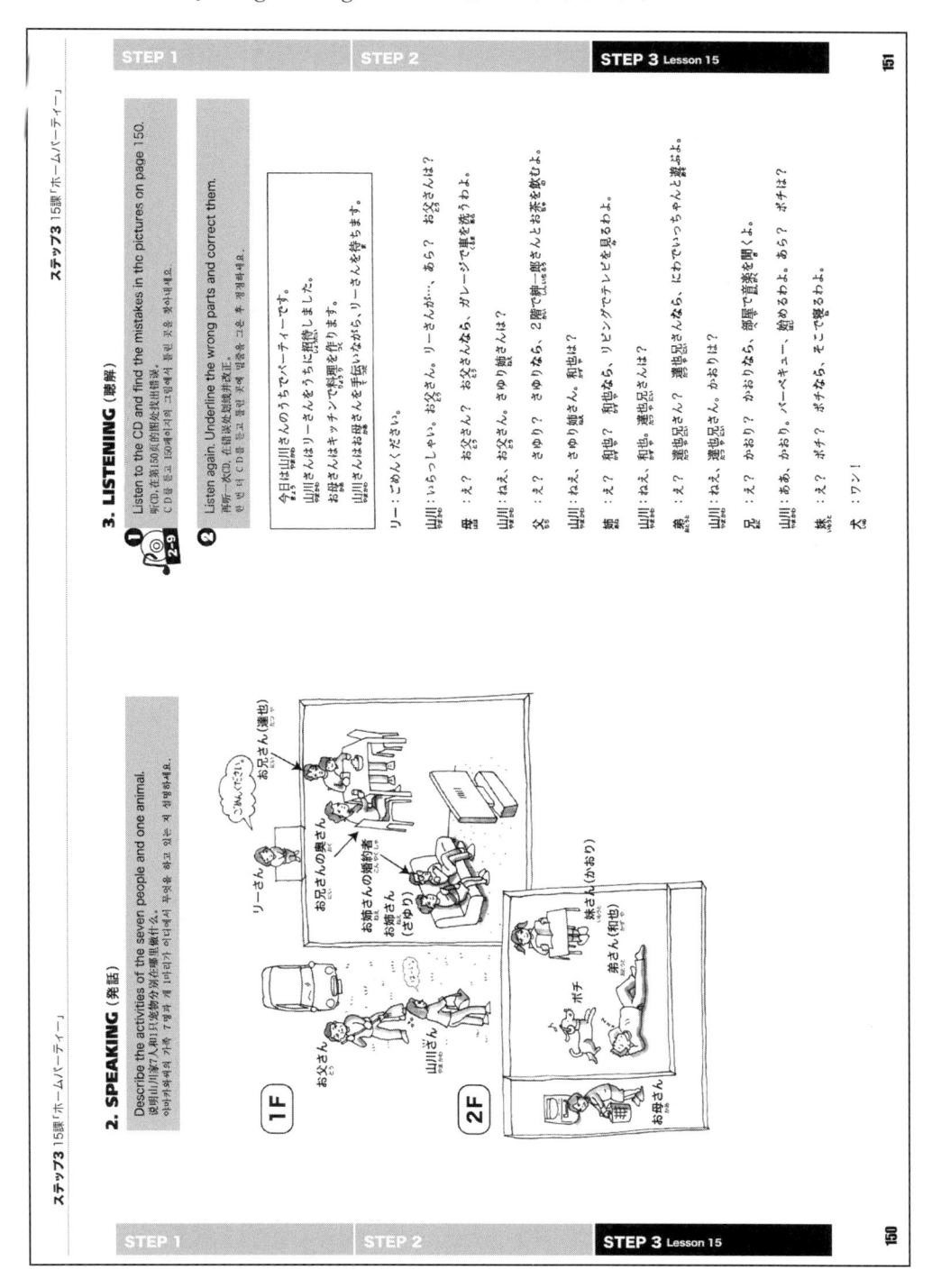

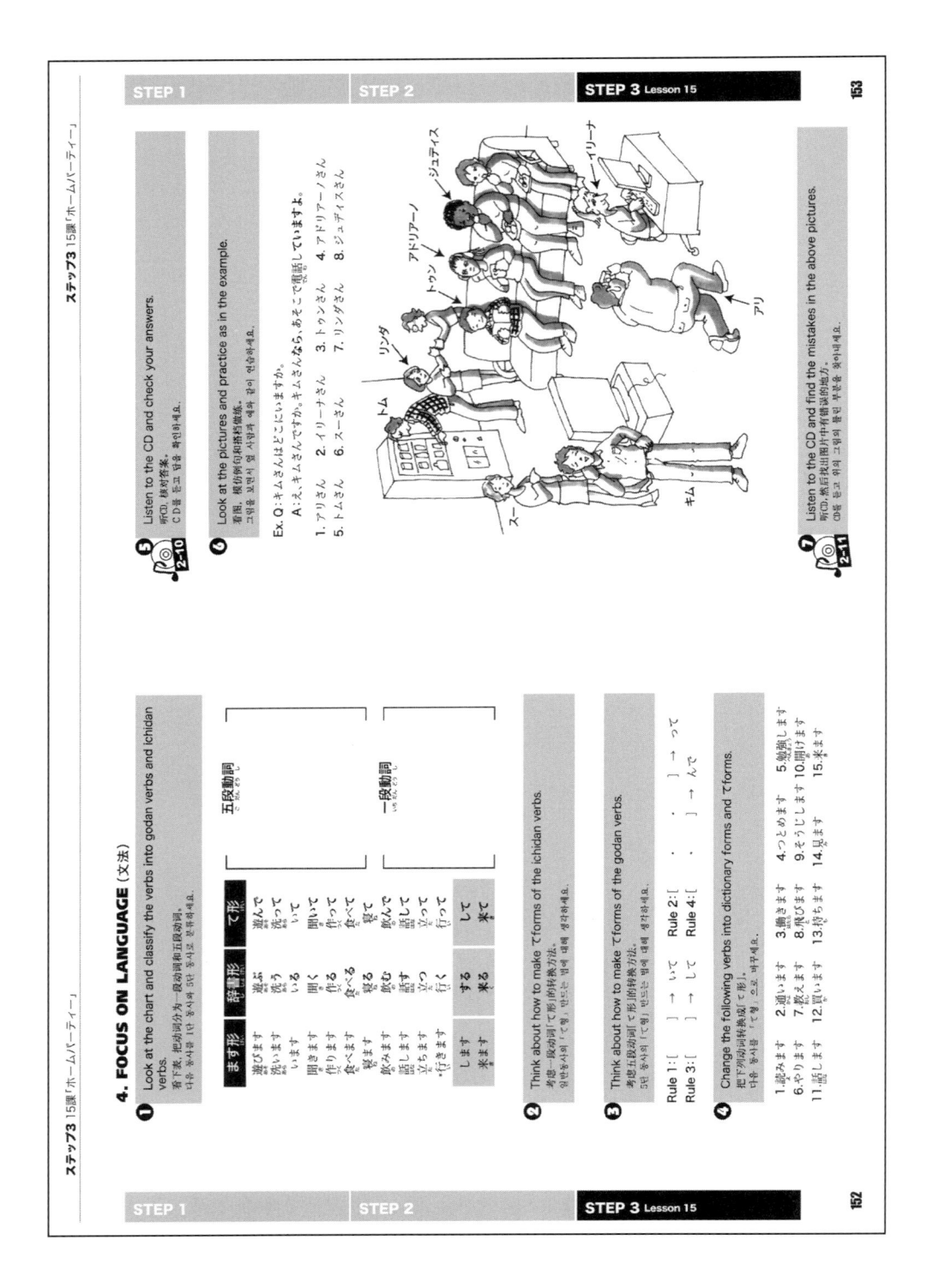

4. FOCUS ON LANGUAGE (文法)

❶ Look at the chart and classify the verbs into godan verbs and ichidan verbs.
看下表，把动词分为一段动词和五段动词。
다음 표를 보시고 5단 동사와 1단 동사로 분류하세요.

ます形	辞書形	て形
遊びます	遊ぶ	遊んで
洗います	洗う	洗って
います	いる	いて
開きます	開く	開いて
作ります	作る	作って
食べます	食べる	食べて
寝ます	寝る	寝て
飲みます	飲む	飲んで
話します	話す	話して
立ちます	立つ	立って
行きます	行く	行って
します	する	して
来ます	来る	来て

五段動詞
一段動詞

❷ Think about how to make て forms of the ichidan verbs.
考虑一段动词て形的转换方法。
일단동사의 て형 만드는 방법 생각해 보세요.

❸ Think about how to make て forms of the godan verbs.
考虑五段动词て形的转换方法。
5단동사의 て형 만드는 방법 생각해 보세요.

Rule 1: [　] → いて　　Rule 2: [　] → って
Rule 3: [　] → して　　Rule 4: [　] → んで

❹ Change the following verbs into dictionary forms and て forms.
把下列动词转换为て形。
다음 동사를 て형으로 바꾸세요.

1. 読みます 2. 通います 3. 働きます 4. つとめます 5. 勉強します
6. やります 7. 教えます 8. 飛びます 9. そうじします 10. 開けます
11. 話します 12. 買います 13. 持ちます 14. 見ます 15. 来ます

STEP 3 Lesson 15

❺ Listen to the CD and check your answers.
听CD，核对答案。
CD를 듣고 답을 확인하세요.

❻ Look at the pictures and practice as in the example.
看图，仿照例句进行练习。
그림을 보시고 예 시와 같이 연습하세요.

Ex. Q: キムさんはどこにいますか。
A: え、キムさんですか。キムさんなら、あそこで電話しています よ。

1. アリさん 2. イリーナさん 3. トゥンさん 4. アドリアーノさん
5. トムさん 6. スーさん 7. リンダさん 8. ジュディスさん

ジュディス
アドリアーノ
イリーナ
トゥン
リンダ
アリ
トム
キム
スー

❼ Listen to the CD and find the mistakes in the above pictures.
听CD，然后找出图片中有错误的地方。
CD를 듣고 위의 그림의 틀린 부분을 찾아내세요.

CD のスクリプト

CD TRANSCRIPTS

■■■STEP 3
15課 ホームパーティー
CD 2-8

（省略）

CD 2-9
今日は山川さんのうちでパーティーです。
山川さんはリーさんをうちに招待しました。
お母さんはキッチンで料理を作っています。
山川さんはお母さんを手伝いながら、リーさんを待っています。

リー：ごめんください。
山川：いらっしゃい。お父さん。リーさんが…、あら？お父さんは？
母　：え？　お父さん？　お父さんなら、ガレージで車を洗っているわよ。
山川：ねえ、お父さん。さゆり姉さんは？
父　：え？　さゆり？　さゆりなら、2階で紳一郎さんとお茶を飲んでいるよ。
山川：ねえ、さゆり姉さん。和也は？
姉　：え？　和也？　和也なら、リビングでテレビを見ているわよ。
山川：ねえ、和也。達也兄さんは？
弟　：え？　達也兄さん？　達也兄さんなら、にわでいっちゃんと遊んでいるよ。
山川：ねえ、達也兄さん。かおりは？
兄　：え？　かおり？　かおりなら、部屋で音楽を聞いているよ。
山川：ああ、かおり。バーベキュー、始めるわよ。あら？ポチは？
妹　：え？　ポチ？　ポチなら、そこで寝ているわよ。
犬　：ワン！

CD 2-10
1. 読む・読んで
2. 通う・通って
3. 働く・働いて
4. 勤める・勤めて
5. 勉強する・勉強して
6. やる・やって
7. 教える・教えて
8. 飛ぶ・飛んで
9. 掃除する・掃除して
10. 開ける・開けて
11. 話す・話して
12. 買う・買って
13. 持つ・持って
14. 見る・見て
15. 来る・来て

CD 2-11
1. Q：アリさんはどこにいますか。
   A：え、アリさんですか。アリさんなら、あそこでテレビを見ていますよ。
2. Q：イリーナさんはどこにいますか。
   A：え、イリーナさんですか。イリーナさんなら、あそこで音楽を聞いていますよ。
3. Q：トゥンさんはどこにいますか。
   A：え、トゥンさんですか。トゥンさんなら、あそこでインターネットをしていますよ。
4. Q：アドリアーノさんはどこにいますか。
   A：え、アドリアーノさんですか。アドリアーノさんなら、あそこで写真を撮っていますよ。
5. Q：トムさんはどこにいますか。
   A：え、トムさんですか。トムさんなら、あそこでジュースを買っていますよ。
6. Q：スーさんはどこにいますか。
   A：え、スーさんですか。スーさんなら、あそこで本を読んでいますよ。
7. Q：リンダさんはどこにいますか。
   A：え、リンダさんですか。リンダさんなら、あそこで友だちと話していますよ。
8. Q：ジュディスさんはどこにいますか。
   A：え、ジュディスさんですか。ジュディスさんなら、あそこで友だちとお弁当を食べていますよ。

（省略）

巻末資料2

小山悟（2002）『J.Bridge』第2課（凡人社）

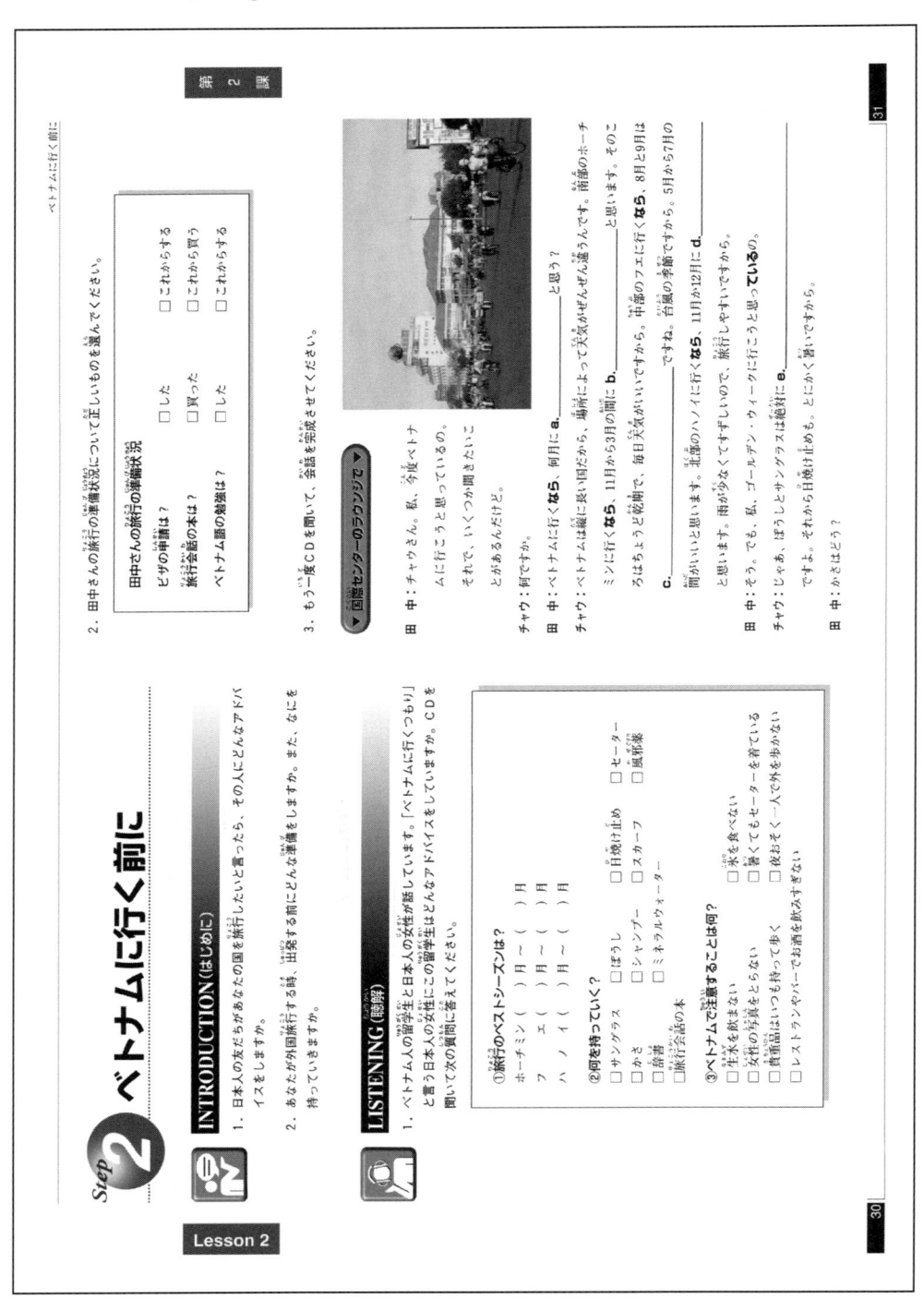

Step 2

チャウ： f._____ですね、ベトナムは5月から11月まで
雨期ですから。

田　中：ベトナムに行ったら、なにが g._____ことはある？

チャウ：そうですね、生水は h._____ですね、ミネラルウォー
ターを i._____と思います。できるだけ米も j._____
_____と思います。

田　中：ほかになにかある？

チャウ：そうですね、まず、パスポートや貴重品はいつも自分で k._____
_____。それから、夜おそくに一人でバーとかに
もう m._____。

ですね、特に女性の場合、あぶないですから。ところで、田中さん、ビザは
もう m._____ますか。

田　中：うん、もうちゃんと手続きを o._____。

ベトナム語も少し p.勉強_____ですけど、まだぜんぜん、私に少しベトナム
語を教えてくれない？ 一応「旅行会話」の本は q._____んだけど、チャウさん、よかったら、チャ
ウさん、簡単な会話だけでいいですから。

チャウ：ええ、いいですよ。

CONSCIOUSNESS RAISING (意識化)

1. 留学生が日本人の女性に「ベトナムで気をつけること」をアドバイスする時、どんな表現を使っていますか。
2. 日本人の女性が「いつベトナムに行くのが一番いいか」わからないので、留学生が教えてあげる時、どんな表現を使っていますか。
3. 留学生が日本人の女性が「準備が終わったかどうか」を聞く時、どんな表現を使っていますか。また、日本人がそれに答える時、どんな表現を使っていますか。
4. INTRODUCTIONでとなりの人と話した時、あなたはこれらの表現をよく使っていましたか。

第2課

ベトナムに行く前に

FOCUS ON LANGUAGE (文法)

❶ 〜たほうがいい／〜といい

1. 健康のために、もっと野菜や魚をたくさん食べた**ほうがいい**ですよ。
2. 外国語を勉強するなら、自分の国で勉強するより、その国に行った**ほうがいい**と思う。
3. 「キムさんが生け花を習いたいって言っているんだけど」
「それなら、山口さんに相談する**といい**よ。彼のお母さん、生け花の先生だから。」

Q1. 「相手の人がなにもいい考えがないようなので、教えてあげる」という意味の文はどれですか。

Q2. 「相手の考えよりもっといい考えがあるので、教えてあげる」という意味の文はどれですか。

Q3. 「気をつけて」という気持ちでアドバイスしているのはどれですか。

A 「冬休み、みんなで旅行しない？」
B 「賛成！じゃ、北海道に①行った**ほうがいい**」
C 「え〜！北海道は寒すぎるよ。それより②行った**ほうがいい**とこるといえば沖縄とか宮崎とか沖縄とか、もう寒いところに②行った**ほうがいい**んじゃない。」

Q4. Bさんの①〜た**ほうがいい**の使い方は間違っています。それはどうしてだと思いますか。また、どう言えばいいと思いますか。

CDのスクリプト

Step2 ベトナムに行く前に

田中：チャウさん、私、今度ベトナムに行こうと思っているの。それで、いくつか聞きたいことがあるんだけど。
チャウ：何ですか？
田中：ベトナムに行くなら、何月に行くといいと思う？
チャウ：ベトナムは縦に長い国だから、場所によって天気がぜんぜん違うんです。南部のホーチミンに行くなら、11月から3月の間に行くといいと思います。そのころはちょうど乾期で、毎日天気がいいほうだと思います。中部のフエに行くなら、5月から7月の間がいいと思います。台風の季節ですから、8月は9月は行かないほうがいいと思います。北部のハノイに行くなら、11月か12月に行くといいと思います。雨が少なくてすずしいので、旅行しやすいですから。
田中：そう。でも、ゴールデン・ウィークに行こうと思っているの。
チャウ：じゃあ、ほうしとサングラスは絶対に持っていったほうがいいですよ。それから日焼け止めも。とにかく暑いですから。
田中：かさはどう？
チャウ：持っていったほうがいいですね。ベトナムは5月から11月までは雨期ですから。
田中：ベトナムに行ったら、なにか気をつけたほうがいいことはある？
チャウ：そうですね。まず、生水は飲まないほうがいいと思います。それから、できるだけ氷を食べないほうがいいと思います。
田中：ほかになにかある？
チャウ：そうですね。まず、パスポートや貴重品はいつも自分で持って歩いたほうがいいですね。それから、夜はぜったいに一人で外を歩かないほうがいいですね。特に女性の場合、あぶないと思いますよ。田中さんも買ったらもう取ってありますか？
田中：うらん、まだとっていない。
チャウ：少し早めに手続きをしておいたほうがいいと思います。それと、ベトナム語を少し勉強しておいてくれたら、まだせんぜん勉強していないの。そうだ、よかったら、チャウさんに、私に少しベトナム語を教えてくれない？簡単な会話だけでいいですから。
チャウ：ええ、いいですよ。

Step 2

❶ ～てある／～ておく

[これから来客。ビールは何本ぐらい①用意しておけばいい？]
妻 [山田さんも山本さんも、お酒が大好きだから、たくさん②冷やしておいて。]
夫 [ビールはもう5本③冷やしてあるけど、ワインも①冷やしておく？]
妻 [そうだね。その方がいいね。]

Q1. [これから合わくする]のは何ですか。
Q2. [もう冷たくなっている]のは何ですか。

妻 [ねえ、テレビ、ついているけど、見たいなら消すわよ。]
夫 [あ、だめ。⑤で⑥つけておいて。もうすぐ見たい番組が始まるから。]

Q3. ①、②、④、⑤で[00までに準備する]という意味で[～ておく]を使っているのはどれですか。
Q4. ①、②、④、⑤で[そのまま]という意味で[～ておく]を使っているのはどれですか。

❸ もう〜／まだ〜

え？昔たばこを吸っているんですか、学生の時吸っていましたが、もうやめました。本当ですよ。今はもう吸っていません。でも、田中さんは今もまだ吸っていますよ。し、山本さんもまだやめていないようです。たばこ、なかなかやめられないですよね。

Q1. 昔たばこを吸っていたが、今は吸っていない人はだれですか。
Q2. 昔も今もたばこを吸っている人はだれですか。

Lesson 2

【執筆者】
小玉安恵(こだま　やすえ)
木田真理(きだ　まり)

◆教授法教材プロジェクトチーム
久保田美子（チームリーダー）
阿部洋子／木谷直之／木田真理／小玉安恵／岩本(中村)雅子／長坂水晶／簗島史恵

※執筆者およびプロジェクトチームのメンバーは、初版刊行時には、
　すべて国際交流基金日本語国際センター専任講師

イラスト　岡﨑久美

国際交流基金 日本語教授法シリーズ
第4巻「文法を教える」
The Japan Foundation Teaching Japanese Series 4
Teaching Grammar
The Japan Foundation

発行	2010年3月30日　初版1刷
	2024年11月15日　　　5刷
定価	800円+税
著者	国際交流基金
発行者	松本 功
装丁	吉岡 透 (ae)
印刷・製本	三美印刷株式会社
発行所	株式会社ひつじ書房

〒112-0011　東京都文京区 千石2-1-2　大和ビル2F
Tel : 03-5319-4916　Fax : 03-5319-4917
郵便振替　00120-8-142852
toiawase@hituzi.co.jp　https://www.hituzi.co.jp/

Ⓒ2010 The Japan Foundation
ISBN978-4-89476-304-4

造本には充分注意しておりますが、落丁・乱丁などがございましたら、
小社かお買い上げ書店にておとりかえいたします。
ご意見・ご感想など、小社までお寄せくだされば幸いです。

──── 好評発売中！ ────

日本語学習アドバイジング
自律性を育むための学習支援
木下直子・黒田史彦・トンプソン美恵子著　定価 2800 円＋税

使える日本語文法ガイドブック
やさしい日本語で教室と文法をつなぐ
中西久実子・坂口昌子・大谷つかさ・寺田友子著　定価 1600 円＋税

場面とコミュニケーションでわかる日本語文法ハンドブック
中西久実子編　中西久実子・坂口昌子・中俣尚己・大谷つかさ・寺田友子著
定価 3600 円＋税